고시원킹
실전편

고시원 창업 "나는 매달 44명에게 월세 받는다"
고시원킹 실전편

초판 1쇄 발행 2024년 5월 7일
지은이 서봉기

발행인 이연선
발행처 재재책집

등록 제25100-2021-000105호 (2021년 12월 21일)

주소 서울 구로구 디지털로33길 11, 1006호 ㈜올댓컨텐츠
전화 02) 3392-3319
전자우편 zeze_bookzip@naver.com

디자인 이민선
인쇄·제작 반도기획

© 서봉기, 2024

값 18,500원
ISBN 979-11-986018-1-0 (13320)

※ 이 책은 저작권법에 따라 보호받는 저작물이므로 무단전재 및 복제를 금합니다.

고시원킹 실전편

서봉기 지음

고시원 창업
"나는 매달
44명에게
월세 받는다"

재재
책집

> 프롤로그

이제 취업이 아니라 창업이다!

100명이 넘는 현업 원장님을 배출하다

나는 고시원 창업 컨설팅과 코칭으로 지금까지 100명이 넘는 원장님을 배출한 강사이자 두 번째 고시원을 운영하는 현직 원장이다. 그동안 성공적인 창업과 운영으로 수강생들을 리드한 성과를 냈고, 지금도 많은 예비 원장님들을 돕기 위해 컨설팅과 코칭, 강의를 활발히 진행 중이다. 고시원 원장으로서 나는 고시원 사업이 얼마나 큰 장점이 있는 종목인지, 준비와 시작 단계 그리고 창업 후 안정기에 들어갈 때까지 어떤 일들이 벌어지고 문제해결을 어떻게 해나가야 시간적·경제적 자유의 달콤함을 동시에 맛볼 수 있는지를 누구보다 잘 알고 있기에 내 오프라인 강의 수강생들에게 내 모든 노하우를 아낌없이 전수하고 있다.

200만 원 아끼려다 2천만 원 날린 경험을 했다

많은 고시원 예비 창업자분들과 만나고 통화도 참 많이 한다.

요즘 시대, 직장만으로는 먹고 살기가 쉽지 않다는 말은 이미 오래된 상식 아닌가. 수강으로 만난 직장인의 직업군도 다양했다. 공무원, 교사, 경찰, 군인, 사업가, 투자자, 전업주부, 싱글맘, 퇴직자 등 20대부터 60대까지 다양하다. 그런데 이런 분들이 왜 고시원 창업에 관심을 두고, 강의를 듣는 것일까?

고시원 창업의 두 가지 메리트는 확실하다. 투자 대비 높은 수익률과 오토 운영이 가능하다는 점. 나도 같은 생각이었고 5년 차 원장인 입장에서도 이 말은 여전히 맞다고 생각한다. 처음 이 사업에 관심을 가졌던 당시 임대업과 비슷한 업종을 찾고 있었는데, 고시원이야말로 시스템만 잘 갖추면 임대업 같은 운영이 가능하다고 느꼈다. 당시 내겐 현금흐름이 절실하고 또 간절했다. 그러나 관련 강의를 듣거나 전문가의 도움은 받지 않았다. 돈이 아깝다고 생각했기에, '나는 똑똑하니까 컨설팅 없이도 물건만 잘 잡으면 된다'고만 생각했다. 내게 강의를 들은 수강생이나 컨설팅을 하는 분들이 들으면 정말 웃을 이야기다. 고시원 시장은 폐쇄적이어서 매물 가격이 동일함에도 1천만~3천만 원 이상까지도 차이 나게 정보를 받아보는 일이 생기기 때문이다. 아니나 다를까, 나 역시 처음 인수한 매물이 2천만 원 이상 권리금을 더 주고 계약했다는 사실을 뒤늦게 알게 되었다. 200만 원 아끼려다가 2천만 원을 날린 뼈 아픈 일을 당했기에 그렇다.

그렇다고 반드시 강의를 들어야 한다거나 컨설팅을 받아야 한다는 말은 아니다. 어떤 방법이든 안정적인 창업을 할 수 있도록 철저히 준비하고 시장에 진입해야 한다는 점을 강조하고 싶다.

창업까지 갈 것인가? 꿈만 꾸다 말 것인가?

많은 수강생들과 통화를 한 덕에 이제는 한마디만 해봐도 이분이 창업까지 가는 게 쉬울지 아닐지가 나름 판단되는 눈을 가졌다. "고시원에 투자하면 수익률 30% 나오고, 오토로 운영하면 제가 할 일은 없는 것 아닌가요?"라고 묻는 수강생이 왜 없었겠는가. 그런 분에게 어떤 물건을 찾느냐고 물어보면 이렇게 대답한다. "수요층이 풍부한 역세권 입지에 입실자는 정장 입는 회사원이 주를 이룬 곳, 신소방법에 적법한 복도 폭에 올원룸형, 수익률이 높아야 하니 40실 이상은 되어야 하고 건물 건축 연도는 너무 오래되지 않아 시설 깔끔하며 가능하다면 건물주까지 착하면 좋겠다"고 말이다. 그래서 가용 금액을 물어보면 총금액이 1억 대 또는 2억 대 초반이 많다. 이런 분에겐 짧고 단호하게 말한다. "그건 어렵습니다."

이 말의 뜻은 두 가지다. 그 가용 금액으로 어렵다는 것과 지금 같은 마인드로는 창업까지 가기 어렵다는 것. 이런 사람은 시장에 대한 이해가 전혀 없는 사람이다. 막말로, 수익률이 30% 나오면 창업을 하고 28% 나오면 하지 않을 것인가? 고시원은 누가 어떻게 하는지에 따라 완전히 달라지는 업이라고 나는 자신 있게 말한다. 사람에 따라 수익률 25% 나오는 고시원을 인수해 창업 후 35%까지 데이터를 끌어올리는 사람이 있는가 하면, 어떤 사람은 30% 수익률 데이터를 믿고 인수했는데 곧바로 공실이 6개 생기고, 퇴실 예정자가 4명까지 이어져 순식간에 10실이 비기도 한다. 인수하자마자 20% 수익률을 선택한 게 되어버리는 셈이다. 그래서 고시원 사업은 장사이며, 사람을 채우는 능력이 핵심인 사업이라는 것이다.

머릿속에 환상의 매물을 생각하는 건 자유다. 그러나 현금흐름을 만들고 싶고 시간과 경제의 자유를 얻고 싶다면 이를 갖추어 나갈 충분한 나의 능력과 경험치를 차곡차곡 쌓아야 한다.

시작하지 않으면 아무 일도 생기지 않는다

'고시원을 왜 하는가?', '얼마 투자해서 얼마 벌 수 있는가?', '운영할 때 힘든 점은 없는가?' 다양한 질문들에 단답형으로 답하기는 어렵다. 때로는 대기업처럼 이럴 땐 이렇게 저럴 땐 저렇게 하라는 매뉴얼이나 정답지가 있는지 물어오는 경우도 있다. 만약 이게 가능했다면 고시원 사업에 이미 대기업이 자리를 잡지 않았을까?

고시원은 주거 상품으로 따지면 최하위 상품이라고 말할 수 있다. 때로는 '혐오시설'이라고 말하는 소리도 들은 적 있다. 그런 소리를 들을 때면 고시원에 거주하는 사람까지 그렇게 취급하는 것 같아 마음이 안 좋고 불쾌하다. 살면서 누구나 어려운 시기를 맞닥뜨릴 수 있다. 좋은 주거 시설에 살고 싶지 않은 사람이 어디 있겠나. 좁은 고시원에 살고 싶은 사람은 없다. 1인 가구일지라도 가능하면 원룸형에 살고 싶은데 몇만 원이 부담되니 미니룸을 선택하는 것이다. 그러니 사람 사는 공간을 두고 '혐오시설'이라고 말하는 사람의 (헛)소리는 한 귀로 듣고 그냥 흘려보낸다.

어느 수강생이 물어왔다. 대표님은 언제 고시원을 그만둘 생각이냐고 말이다. 나는 "입실자들이 숫자로 보이면 이 일을 그만둘 것"이라고 답했다. 201호 38만 원, 405호 45만 원 하는 식으로 숫자가 내 머리에 새겨질 때 나는 이 일을 당장 그만둘 것이다. 원칙대로 일관되게 운영하는 바람에 'AI 원장' 같다는 소리도 듣지만, 나는 내 원에서 안 되는 기준은 분명히 지키고자 한다. 그리고 사람을 돈으로 보지 않는다는 내 신념만은 강력하게 지키려고 다짐한다. 다 사람 사는 공간, 사람 사는 세상이다. 고시원도 그렇다.

예전 직장인일 때의 나를 돌아보면 참 어리석고 우물 안 개구리였다는 생각을 많이 한다. 작은 회사에서 나름대로 구관이 명관이라고 스스로를 굳게 믿으며 회사 생활을 했다. 나를 가르치는 사람도 없었으며, 그러니 배울 것도 배운 것도 없었다. 그렇게 30대 후반의 시간을 지나왔다. 지금은 많은 수강생들과 이 일을 함께하며 서로 돕고 많이 배워 나간다. 배우는 것도, 깨닫는 것도 비교할 수 없을 만큼 많고 귀중하다.

고시원이라는 작은 시장에서 먼저 경험을 했다는 이유 하나로 예비 원장님들을 돕고 내 경험을 나누는 일에 큰 보람을 느낀다. 수강생 한 분 한 분 모두 그들의 영역에서는 매우 훌륭하고 대단한 성취를 이루신 분들이다. 그런 선한 영향력에 내 에너지도 충만하게 채워지는 것을 느낀다.

모든 일이 그렇듯 처음 시작할 때는 두렵고 망설여지는 게 당연하다. 내 강의를 듣는 분들은 이미 강의료에 적지 않은 투자를 하고 '창업 실행'이라는 허들을 넘어온 분들이다. 나는 단순히 고시원 '창업 공부'만 하고자 하는 분에게는 내 강의를 듣지 마시라고 말한다. 온라인 강의는 많으니 굳이 큰 비용을 들여 내 강의를 수강할 필요는 없다고 말이다. 더불어 내 강의는 창업까지 가는 분들을 위한 것이고 그분들께 도움을 드리는 것임을 강조한다. 창업하겠다는 마인드를 굳게 가지고, 자신에게 맞는 매물부터 의사결정을 숙고해나가며 창업 후 운영에서 발생할 수 있는 여러 사례들에 대한 대비까지 내 강의를 통해 준비하려는 분들에게 특화된 것이라고 말이다.

고시원킹 6주 오프라인 강의는 투자 대비 수익률과 시간적 자유를 얻기 위해 창업을 준비하는 시간이다. 준비는 철저해야 한다. 고시원 시장의 개념 파악부터 매물, 계약, 인테리어, 운영과 관리 노하우와 홍보 마케팅까지 이 모든 것에 철저히 대비해야 한다. 시작부터 안 된다고 생각하면 결코 잘될 리가 없을 것이다. 인생의 방향을 바꾸는 데는 큰 용기와 도전이 따라야 한다. 이제 시작하고 도전하는 용기의 첫발을 내딛는 과감함이 필요하다.

아무 일도 하지 않으면 아무 일도 일어나지 않는다. 용기와 도전으로 내 삶의 시간과 경제적 자유를 바꾸는 등가교환의 법칙을 적용해보는 것은 어떤가! 새로운 도전을 하는 분들 모두에게 응원의 박수를 보낸다.

서봉기

차 례

프롤로그_ 이제 취업이 아니라 창업이다!   4

1장
개념 다지기

나는 고시원 창업으로
시간과 경제적 자유를 얻었다

내 삶은 고시원 사업 전과 후로 나뉜다	17
이제 취업이 아니면 창업이다	23
고시원, 투자가 아니라 비즈니스다	29
타인은 지옥? 남들이 하지 않아 더 벌고 있습니다	36
장점과 단점을 확실히 알고 출발하자	47

2장
실전 팔로어
고시원 창업의 6단계 프로세스 따라가기

1단계 고시원 시장을 알다 정확한 이해가 성공적인 창업으로 이어진다　59
　고시원킹의 실전 어드바이스 1　생계형인가 투자형인가를 명확히 알고 첫발을 내딛자

2단계 매물 파악 매물은 다다익선보다 '매칭'이다　66
　고시원킹의 실전 어드바이스 2　고시원 창업 절차 6단계
　고시원킹의 실전 어드바이스 3　부동산, 온라인 매물 찾기에서 실패하는 이유
　고시원킹의 실전 어드바이스 4　임장 때는 속일 수 없는 것을 확인하라
　고시원킹의 실전 어드바이스 5　고시원 매물을 찾는 고객이 100명이라면 그중엔 반드시 허수가 있다
　고시원킹의 스페셜 케어 1　부동산 매칭의 하이패스 '전속부동산 연결 시스템'을 가동한다
　고시원킹의 스페셜 케어 2　매물 찾기 전 나는 어떤 유형의 창업 준비자인가를 판별해드린다

3단계 계약 하나만 어긋나도 낭패를 부른다　82
　고시원킹의 실전 어드바이스 6　옥탑방 고시원, 이런 점을 체크하자
　고시원킹의 실전 어드바이스 7　미리 알아두면 좋은 환산보증금
　고시원킹의 실전 어드바이스 8　토지이음 활용하기

4단계 인테리어 상급지 룸 컨디션을 만드는 2주 완성 노하우　99
　고시원킹의 실전 어드바이스 9　셀프 시공이 가능한 공간
　고시원킹의 스페셜 케어 3　취향을 저격하는 5가지 룸 타입과 구매 링크

5단계 운영 노하우 마인드부터 행정, 시설물, 불편한 이웃까지 모두 관리하라　119
　고시원킹의 스페셜 케어 4　가장 많이 발행하는 시설 민원 해결법

6단계 온라인 마케팅 알려지지 않으면 찾지 않는다　153
　고시원킹의 실전 어드바이스 10　광고에 올릴 사진을 찍을 때는 이렇게 하자

3장
현장 학습
사례에서 길어 올린 프로 원장의 조건 7

황금알을 낳는 거위에서 출발하고 매진하라 … 167
셀프 운영이 가능한 조건이 '최우선' 조건이다 … 171
흙 속의 진주를 찾아라 … 174
건물주와는 안전거리를 유지하라 … 179
고시원의 '만능 맥가이버'가 되라 … 183
뉴스에 나오는 조현병, 알코올중독자, 고독사… 내 일이 될 수 있다 … 187
창업과 동시에 엑시트를 생각하자 … 191

4장
복습
고시원 즉문즉답

Q1 "전화 연결이 되지 않습니다" … 197
Q2 "원장 일이 처음이라 잘 몰라서 그러는 것 같은데…" … 198
Q3 "일당백 민원 제기자 때문에 힘들어요" … 199
Q4 "우리 원에 자유로운 영혼이 있습니다" … 201
Q5 "배달시킨 물건이 사라졌어요. 택배 좀 대신 받아주세요" … 203
Q6 "방값 관련한 이슈들로 어떤 게 있을까요? … 205

■ <즉문즉답 시뮬레이션> … 210

5장
스킬업

인터뷰에서 배우다

밸류업 콘셉트로 젊은 층을 끌어들인 역삼동 고시원 … 219
1억 초반의 자금으로 350만 원을 버는 수원시청역 고시원 … 223
시설보다 입지에 중점을 두어 안정화를 꾀한 성신여대입구역 고시원 … 227
다양한 수요층으로 입실 밸런스를 맞추고 있는 송도 지식정보단지역 고시원 … 232
방의 가치를 높여 수익률을 크게 올린 강서구청 인근 고시원 … 236
월 100만 원짜리 고시원을 400만 원짜리로 탈바꿈시킨 부천시청역 고시원 … 240
시간적 여유와 월 350만 원 수익을 모두 달성한 안산 중앙역 고시원 … 246
'인수 먼저', '수강 나중'으로 고시원 창업 케어를 받은 모란역 고시원 … 250
직장생활의 10% 되는 시간으로 월급만큼의 수익을 올리는
안양 인덕원역 고시원 … 256
직장인 부업으로 창업한 '창업 일주일 차' 수원 영통역 고시원 … 260
퇴사 후 창업하여 현재 두 곳의 고시원을 운영 중인 신사역, 장승배기역 고시원 … 264

■ <전속부동산 시스템 진행 과정> … 268

부록 _ 고시원 길라잡이 '고시원킹' 사이트 활용법 … 276

1장

개념 다지기

나는 고시원 창업으로
시간과 경제적 자유를 얻었다

내 삶은 고시원
사업 전과 후로 나뉜다

고시원, 내 삶의 '무기'가 되다

KB부동산 월간 주택가격동향조사 데이터에 따르면 2023년 12월을 기준으로 서울 아파트 매매 평균가격은 약 12억, 수도권은 약 7억, 전국은 5억 원 선이다. 아파트 가격이 꼭지를 찍은 2021년 이후로 가격이 조정되고 있다고는 해도, 폭등 시기 이전의 가격으로 떨어지리라고 믿는 사람은 거의 없다. 코로나19로 풀린 유동성이 아파트 가격을 비롯한 물가를 끌어올리고 금리가 치솟으면서 살림살이는 매우 팍팍해졌지만, 소득은 이를 따라가지 못하고 있다. 평생직장의 개념은 사라진 지 오래고, 이제 하나의 직업으로 자신과 가족의 생계를 책임질 수 있으리라고 생각하는 사람 또한 거의 없다.

그런데 주위에는 재테크에 성공한 사람들 이야기가 넘쳐난다.

비트코인 투자로 벼락부자가 된 2030들이 많다는 기사가 신문에 실리는가 하면 오랜만에 만난 동창은 주식 투자로 자산이 두 배 늘어났다고 한다. 아파트와 주식, 가상화폐 등 우리들을 조급하게 만드는 성공담들이 주변에 가득하다.

이런 기사, 이런 지인 이야기를 들을 때마다 조급해지는 이유는 하나다. '돈'이야말로 우리에게 시간적, 경제적 자유를 가져다주는 기본적이고도 분명한 '도구'이기 때문이다. 자본주의 사회에 뿌리내리고 사는 한 경제력은 내가 확보해야 할 가장 기본적이고도 확실한 무기일 수밖에 없다.

나는 2020년, 코로나19가 기승을 부리던 시기에 고시원 사업에 뛰어들면서 경제적으로 확실한 '무기'를 확보하는 데 성공했다. 일주일에 두 번 일하면서도 월 1천만 원의 수익을 올렸고, 수익률 30%를 달성했다. 그때 시작한 고시원 사업은 운영 및 관리의 시행착오를 여러 차례 거치면서 내게 안정적인 수익원이 되어주고 있으며, 지금은 내 경험을 살려 고시원 사업을 하려는 사람들에게 창업과 운영에 관한 강의를 하는 데까지 이르렀다. 고시원은 내게 경제적으로나 시간적인 자유를 준 것은 물론이고 내 인생을 설계하는 데에도 매우 폭넓은 자유를 준 셈이다.

모든 첫사랑이 그렇듯 나의 첫 고시원도…
그러나 지금은 수익률 30%

나의 첫 고시원은 서울 송파구에 위치한 4층 근린상가에 있었다. 1층에는 카센터와 치킨집이 있었고, 2층에는 학원이 두 군데 영업하고 있었다. 왕복 4차선 도로에 소방서까지 건너편에 있어서 좋으리라 생각하고 덜컥 계약했다. 수익구조도 모르고, 매물 보는 '눈'도 없었던 데다 운영 방법도 제대로 알지 못한 채 뛰어들었기에 많은 고생을 하고 많은 일을 겪었지만, 오히려 그것이 좋은 경험이 되어 현재는 서울 중구 지역에서 올원룸 44실 고시원을 총무 없이 직접 운영하고 있다.

2024년인 지금은 내가 고시원을 시작했던 때보다 시장이 많이 확장되어 고시원에 관심을 갖는 사람들도 많고 고시원 사업에 실제 뛰어드는 사람도 많아졌다. 연령대도 은퇴한 50~60대뿐 아니라 공격적으로 투자와 운영, 마케팅을 하려는 2030 세대, 투잡으로 병행하려는 3040 세대 등 거의 전 연령층의 관심을 두루 받는 사업이 되었다.

사람들이 고시원에 이렇게 많은 관심을 갖는 이유는 무엇일까? 나는 대표적인 두 가지 이유로 투자 대비 수익률이 높다는 점과 오토 운영이 가능하다는 점을 꼽는다. 꼬마빌딩이나 아파트, 오피스텔, 상가 등의 수익률은 4% 정도에 그친다. 그리고 초기 투자 비용도 매우 크다. 여기저기 난립해서 지어진 탓에 공실률이 60%까지 치솟은 지역도 있는 지식산업센터의 경우엔 고작 1%의 수익에 그치는 경우도 있다.

그런데 고시원은 수익률 30%! 거기다 오토(자동화)가 가능한 장점까지 있다. 정확히 얘기하면 '반(半)오토' 시스템이라고 할 수 있는데 이는 오토 운영이 가능한 사업군, 즉 무인커피숍이나 무인아이스크림 가게, 셀프빨래방 등의 사업에 비해 운영 면에서 훨씬 수월한 이점이 있다. 무인커피숍이나 무인아이스크림 가게, 셀프빨래방 등에서 벌어지는 사건 사고 들은 뉴스와 기사를 통해 자주 접했을 것이다. 그 가게들에서 일어나는 사건의 다종다양함이나 빈도수를 비교하자면, 그 사업군이 과연 '오토 운영일까?' 하는 의구심이 들 정도다.

그러나 고시원은 실제 시스템만 잘 갖추면 매일같이 나가지 않고도 운영이 가능하다. (반)오토 시스템이 성공적인 사업군이다. 입실 요금도 해당 날짜에 따라 자동이체되거나 카드결제가 이루어진다. 직접 대면해서 돈을 받거나 하는 일은 없다. 물품 관리, 청소, 입실자의 민원 해결 등도 얼마든지 원격 운영이 가능하다(이와 관련해서는 뒤쪽에 구체적인 운영 사례를 들어 설명할 것이다).

고시원 운영, 이때가 가장 황홀하다

나는 고시원 사업을 하면서 경제적인 자유도 좋았지만, 시간을 내가 주도해서 쓸 수 있다는 사실이 훨씬 더 큰 만족도로 다가왔다. 어느 종목이든 사업을 하면 보통 오전 10시 오픈, 오후 8시 마감이 일반적이다. 업종이 프랜차이즈 빵집이나 편의점, 카페 등이라면 이보다 훨씬 긴 시간을 근무해야 하는 경우도 있다.

그러나 고시원 운영은 그렇지 않다. 과거 고시를 공부하는 사람들이 머무는 공간이라는 인식에서 지금은 거주하는 공간이라는 인식으로 바뀌었고, 실제 입실자들도 대부분 주거 공간으로 고시원을 사용하고 있다. 운영은 24시간이지만 오픈, 마감 시간에 맞춰 문을 열려고 출근하거나 문을 닫기 위해 퇴근 때까지 기다릴 필요가 없다는 이야기다.

고시원을 운영하는 원장님들은 이런저런 얘기를 많이 한다.

"하루에 2~3시간 정도 나갔다가 들어와요."

세상 어느 사업이 하루 2~3시간만 사업장에 머물고도 가능할 수 있단 말인가. 고시원의 황홀한 시간 세이브가 여기에 있다.

하루 2~3시간이면 가능하다는 말은 고시원에 나가서 하는 일이라곤 복도, 공용 공간, 공실 방 청소(퇴실자가 생기면 다음 입실자를 위해 방을 청소해야 한다. 침대 커버 교체, 화장실이 딸린 방이면 화장실 청소 등 기본 청소를 말끔하게 하면 된다) 정도와 입실자들에게 제공하는 서비스 품목을 비치하는 일만 하면 되기 때문이다.

그렇게 해당 원에 익숙해지면 다음 날엔 어떤 일을 하고, 그다음 다음 날엔 어떤 일(쓰레기를 비운다든지 서비스 품목을 채워야 한다든지)을 해야 하는지가 가늠이 되는데, 이를 나갔을 때 미리 정리하거나 정비해두면 그때부터는 일주일에 한 번이나 두 번만 나가도 가능해진다. 일주일에 2~3회 출근하고 하루 2시간 정도 근무한다는 말이 그래서 나오는 것이다.

우리는 방을 채워 매출을 만들고, 임대료, 관리비, 공과금 등을 지출하며 수익을 가져간다. 누구나 할 수 있는 일이고, 크게 어려운 일도 아니다. 익숙해지면 어떤 사업보다도 시간적으로 많은 장점을 주는 사업임은 분명하다. 매달 수익을 내고, 하루 중 노동시간을 최소화하면서 내 삶에 윤택함을 만들어주는 게 가능한 사업이 바로 고시원 운영이다. 그래서 나는 고시원에 나갈 때마다 황홀함을 느낀다.

이제 취업이 아니면 창업이다

한 달 월급만 만들어낼 수 있다면

내가 고시원 창업 강의를 들으러 오는 수강생들에게 자주 하는 말이 있다. "이제는 취업 아니면 창업입니다"라는 말이 그것이다.

나는 첫 직장에서 7년 넘게 근무했다. 누구보다 열정적으로 땀 흘려 일했고, 남다른 애사심으로 맡은 일에 충실했다고 자부한 회사였다. 20대 후반, 혈기도 왕성했고 사회인으로 성공하겠다는 포부도 남달랐다. 그런데 2019년 7월의 어느 날, 30대 후반이 된 나에게 회사는 갑작스럽게 해고를 통보해왔다. 하루아침에 직장을 잃는 청천벽력 같은 일을 겪으면서 나의 자신감과 자존감은 바닥으로 내리꽂혔다.

회사 다닐 때 나는 평일 근무는 물론 격주로 주말 출근까지 마다하지 않고 했다. 회식도 야근도 빠지지 않았고, 조직 내 팀워크를 형성하기 위해 두 팔을 걷어붙였다. 겨울철엔 쌓인 피로 탓에 면역력이 떨어져 독감 주사를 맞고도 독감에 걸려 며칠간 고생을 했다. 그래도 당시에는 회사가 나의 노후, 미래를 책임져줄 거라는 믿음이 확고했다. 그러다 그 믿음이 나만의 상상으로 끝나는 결과를 몸소 경험하다 보니 문득 이런 생각이 들었다.

'내가 직장에서 받는 한 달 월급만큼의 돈만 만들 수 있는 능력을 가진다면, 매일매일 시간에 쫓기면서 아등바등 살아가지 않아도 되지 않을까?'

사업은 누구나 '난생처음'인 것

하지만 당시 나에게는 직장에서 나오면 다시는 취업하지 못할 것이라는 두려움도 강했다. 실제로 해고 통보를 받고 다른 회사에 새롭게 이력서를 내고 지원했지만, 재취업이 그리 쉽게 이루어지지 않았다.

'그래, 취업이 내 길이 아니라면 창업이다!'

이렇게 나의 창업은, 처음에는 어쩔 수 없는 선택지로 받아들인 결정이었다. 날 때부터 사장인 사람 없다는 생각, 누구에게나 사업은 '난생처음'이라는 생각으로 주저하는 나 자신에게 셀프 용기를 불어넣어 주었다.

창업을 결심하고 찾은 업종이 고시원 사업이었다. 임대업은 아니지만, 임대업과 가장 유사한 사업이라는 생각이 무엇보다 나를 매료시켰다. 어찌 보면 그 무모했던 나의 도전은 나와 내 가족, 내 인생을 크게 변화시켰다.

실업자였던 때로부터 불과 5년, 나는 '고시원킹'이 되었다

그렇다면 실업자였던 때로부터 불과 5년이 흐른 지금 나는 어떻게 되었나? 나는 고시원 운영을 성공적으로 하며 당시 꿈꾸었던 한 달 월급의 몇 배나 되는 돈을 벌고 있다. 일하는 시간은 몇 분의 1로 줄어들고, 수익은 몇 배로 뛰었다. 그리고 고시원 예비 원장, 고시원 창업을 준비하거나 꿈꾸는 사람들에게 내 경험을 알려주며 활발한 강의를 하고 있다. 너무나도 감사하게 큰 변화들이 내 인생에서 일어났고 지금도 진행 중이다.

직장인일 때는 혹시라도 지각할까 봐 더 탈 공간이 보이지 않는데도 전철 객차 안으로 내 몸을 구겨 넣었다. 못 타는 사람들이 있으면 같이 힘을 합쳐 객차 안의 사람들을 안으로 밀어 넣었다. 잠자리에 들 때는 휴대폰 알람을 5분 단위로 열 개는 맞추고 잠이 들었다.

지금의 나는?

알람 자체를 맞추지 않는다. 고시원 사업장은 오픈 시간이 따로 없다. 사람이 사는 주거 공간이므로, 아침에 나가 문을 여는 일이나 마감에 문을 닫는 행위를 하지 않아도 된다. 출퇴근 지옥철에서 해방되었다. 차량으로 이동할 때도 차가 막히는 시간은 알아서 피해 움직이니까 교통정체도 겪지 않는다. 이전에는 정해진 시간에 나를 넣어 시간에 맞추어 끌려다니는 삶을 살았다면 지금은 내가 스스로 시간을 조절하고 내 삶의 주인이 되며 내 손으로 시간을 움직이는 사람이 되었다는 생각이 든다.

여가의 차이가 삶의 차이를 만든다

1등 기업과 2등 기업의 차이는 '디자인'에서 온다는 말이 있다. 그럼 사람의 삶에는 어떤 차이가 있을지, 어떤 삶이 더 윤택한 삶일지 생각해본 적이 있는데, 나는 '여가의 차이'라고 생각한다. 시간을 자유로이 활용하며 소중한 사람과 보내는 시간, 건강을 위한 운동 시간, 취미 활동 시간 등 여가를 보다 보람차게 보낼 수 있는 건 행복의 최고 조건이 아닐까 생각한다.

이 모든 것이 고시원 창업이라는 시장에 진입해서 다양한 경험을 통해 '최적화 원장'이 된 덕이라고 나는 확신한다. '최적화'는 고시원에 오토(반오토) 시스템을 만들고, 운영의 노하우와 홍보 마케팅을 전담하여 진두지휘하며 직접 내 손을 거쳐, 내 경험을 거쳐 탄생한 방법론이 있기에 가능했다. 그 과정에서 나와 함께한 숱한 시행착오와 경험들이 고시원을 충분히 메리트 있는 사업임을 증명하게 했다고 다시 한번 확신한다.

두려움을 옵션으로 가지고 갈 것인가,
두려움에 매몰될 것인가

몇 년 전 초등학생의 장래 희망 1순위가 '건물주'였다는 기사를 전하면서 어른들이 '웃픈' 현실을 이야기한 적이 있다. 그러나 솔직하게 마음을 열어놓고 누군가 물어본다면, '건물주' 되는 것을 싫어하는 사람은 아마 없을 것이다. 일하지 않고도 부의 파이프라인을 마련하는 꿈. 누구나 꿈꾸는 이상이다.

이를 '이상'이라거나 '꿈꾸는'이라고 표현하는 것은 '저축'이나 '소득'을 통해 건물을 산다는 게 현실에서는 거의 불가능하기 때문이 아닐까. '나는 건물주가 되고 싶어. 나는 건물주가 될 거야. 하지만 건물을 살 돈은 없어'라고 생각하면서 아무것도 할 수 없었던 것은 나의 이야기다. '건물' 없이도 '건물주'와 같은 삶을 누릴 수 있는 기회가 있다면, 그리고 그 기회가 누구에게나 열려 있다면 마다할 이유가 없다. 내게는 그게 '고시원 사업'이었다. 서비스업을 하지만 '임대업'의 노동시간과 수익률을 벌어들인다. 이게 내가 꿈을 이룬 방식이다.

나를 여기까지 오게 한 것은 '간절함'과 '절실함' 두 가지였다. 새로운 일에 두려움이 생기는 것은 당연하다. 그러나 그 두려움을 옵션으로 알고 끝까지 도전할 것인지, 그 두려움에 매몰당할 것인지는 각자의 선택에 달렸다. 나는 전자를 선택했고, 그 결과 내가 꿈꾸던 삶의 형태에 지금도 한 발 한 발 다가서고 있다. 도전하는 용기는 누구에게나 필요하다. 그리고 용기는 도전과 시도로 이어져야 한다. 아무런 도전도 시도도 하지 않으면서 큰 변화가 일어나기를 기다리는 것은 헛된 욕심이다. 시도가 없으면 변화도 없다. 이는 너무나도 당연한 결과다. 이제 취업이 아니라 창업이라는 말은 우리 세대는 물론이고 선배 세대, 후배 세대들에게도 유용한 이야기다. 많은 이들이 이 도전의 용기를 하루라도 더 빨리 실천하기를 바라는 마음이다.

고시원, 투자가 아니라 비즈니스다

지속 가능한 경제적 파이프라인이 필요하다

나는 그간의 내 경험을 살려 고시원 사업에 관심 있는 사람들에게 창업과 운영에 관한 오프라인 강의를 개설해 진행하고 있다. 강의 프로그램은 6주로 진행되며, 2023년 한 해에만 총 4기를 운영해 수강생 108명을 만났다. 이 중 6주의 수강 기간 내 고시원 창업과 인수 계약을 마친 인원이 86명이었고 수강 이후에도 많은 인원이 고시원 시장에 뛰어들어 원장님으로 운영을 하고 있다.

원장님 가운데는 나처럼 직장을 다니다가 원치 않은 퇴사를 하면서 재취업의 어려움을 겪다 창업으로 눈을 돌린 분도 계시고, 퇴직 후 제2의 인생 설계를 고시원 창업으로 한 분도 있다. 원치 않은 퇴사, 재취업의 어려움, 이후 창업의 경험을 해본 입장에서 뒤를 돌아보니, 결국 자본주의 시장에서 우리가 살아남을 길은 크게 두

가지밖에 없다는 생각이 들었다. '취업이 아니면 창업!'

앞에서도 말했지만, 퇴사든 퇴직이든 100세 시대를 살아가기 위해서는 노년까지, 아니 어쩌면 노년에도 경제 활동을 꾸준히 해야 한다. 안정된 삶을 영위하기 위해서는 더 많은 나이까지 일을 해야 하는 게 현실이 되어버렸다. 또한 직장에 다니며 월급을 받고 있다고 하더라도 치솟는 물가에 수입이 부족한 것은 누구나 느끼는 현실이다. 이는 혼자 사는 사람에게도, 결혼해서 외벌이를 하는 사람에게도, 맞벌이를 하는 부부에게도 모두 적용되는 우리 시대의 자화상이다. 퇴직자든 은퇴자든 근로자든, 추가 파이프라인으로 경제적 여유를 가지려는 사람들이 아주 많아졌다.

실제로 내 강의를 들었던 수강생 중에는 다양한 직업군들이 참 많았다. 고등학교 교사, 경찰, 군인 등 공무원은 물론 대기업에 다니는 직장인, 개인 사업을 하시는 분, 전업주부까지 아주 다양했다.

공매, 경매 수익률보다 중요한 것은 현금흐름

고시원 사업은 투자금액 대비 30% 수익률과 오토 운영이 가능하다는 장점이 많이 알려지면서 많은 사람들이 관심을 갖는 업종이 되었다. 그중 경매와 공매 투자를 하는 투자자들이 많이 진입한다. 이유는 보통 아파트, 오피스텔, 빌라 투자와 지식산업센터, 상가, 꼬마빌딩 투자 등의 수익률이 4%에 그치는 반면 고시원 투자는 이보다 적은 금액으로 5배 이상의 수익률 구조가 나올 수 있다는 장점에서 그렇다.

경매의 경우 보통 대출을 받아 물건을 매매한 뒤 시세차익을 생각하기 마련이다. 그런데 대출의 규제가 많아 까다롭고 무엇보다 금리의 영향을 많이 받는다. 저금리 시절에 풀 대출로 투자했다가 금리가 오르면서 폭등한 이자에 밤잠을 설친다는 투자자들의 이야기는 주변에서 한 번쯤 들어봤을 것이다. 고시원은 그보다 적은 투자로 수익률은 높으니 현금흐름에서도 유리한 사업임이 분명하다.

고시원 창업, 꽃길만 걷게 될까?

그러나 여기서 몇 가지 생각해봐야 하는 것이 있다. 고시원이 이처럼 경제적으로나 시간적으로 메리트 있는 사업이라면, 과연 '창업만 하면 바로 꽃길만 걷게 될까?' 하는 점이 그것이다. 고시원 창업 시 꼭 염두에 두어야 할 일이 있다.

첫째, 고시원은 임대업이 아니라 서비스업이라는 사실이다. 사업자등록증 업태에도 선명하게 '서비스'라고 적혀 발급된다. 그러나 많은 투자자들이 임대업으로 생각하고 진입하는 경우가 많다. 예를 들어 2억 초반의 자본으로 오피스텔을 등기매매했다고 해보자. 그럼 보통 보증금 1천만 원에 월세 90만 원 정도의 수익을 얻게 될 것이다. 그리고 임대인은 1년이든 2년이든 계약 기간 중에는 아무것도 하지 않아도 된다. 공실을 채우는 것 역시 거래하는 부동산에서 손님을 소개하여 중개해준다. 계약 만료까지는 아무런 신경을 쓰지 않아도 되니 이보다 더 편할 수는 없다.

그러나 월 90만 원의 수익은 만족스럽지 않기에 2억 초반으로 월 400만~500만 원의 수익을 내고자 고시원 시장에 진입한다. 고시원 물건을 양도하기 위해 내놓은 원장님에게 권리금(시설+영업)을 지불하고, 건물주에게 임대 보증금을 지불하여 장사를 하는 것이다. 고시원 원장이 되면 인수한 고시원의 총 방 개수에 매달 내가 '직접' 방을 팔아 만실 수익률을 만들어야 한다. 수익률을 내는 것이 인수한 사람의 능력치에 따라 달라지는 것이다. 만실을 채워야 매달 총매출이 나온다. 총매출에서 건물주에게 지불하는 월 임대료에 각종 공과금(수도료, 전기요금, 도시가스, 인터넷+TV 수신료, 일반전화 비용 외 관리비가 있는 건물도 있다) 등을 제외하고 남은 수익을 가져가는 구조다.

따라서 고시원은 투자가 아닌 비즈니스, 즉 '장사'임을 분명히 명심하고 시작해야 한다. 누가 어떻게 운영하는지 따라 완전히 달라지는 사업이라고 말하고 싶다. 순 수익구조가 정해져 있기에 다른 사업에 비해 수익이 적은 편이 아니냐는 이야기도 있다. 맞다. 매물에 따른 수익으로만 본다면 돈을 더 많이 버는 사업도 많이 있겠다. 그러나 고시원 사업의 핵심 장점 두 가지는 투자 대비 수익률과 시간적으로 많은 여유를 줄 수 있는 사업이라는 점이다. 인수 후 운영을 잘 하고 시스템을 잘 갖추어 건물주와 비슷하게 살 수 있는 임대업과 가장 유사한 서비스업 사업이다. 그런 생각을 인지하고 진입하자.

부동산이나 자산을 불리기 위한 것이라면 신중하자

고시원 사업을 하려고 뛰어드는 사람 중에는 시세차익, 즉 부동산에 관심이 있어 자산을 불리기 위한 목적으로 뛰어드는 사람도 있다. 예를 들어 1억에 사서 1억 5천만 원에 판다고 생각하는 경우 말이다.

나는 수강생들에게 만약 이런 목적으로 고시원 사업을 생각한다면 크게 착각하는 것이라고 말한다. "시장에는 그런 호구 없습니다." 이게 내가 수강생들에게 전하는 말이다. 내 강의를 듣는 분들은 비싼 강의료를 지불하고 수업을 듣는 이들이다. 매주 귀한 시간을 내가며 강의 내용을 공부하고, 자신에게 맞는 매물을 찾아 창업을 준비하고 있다. 수강생들이 신중하게 준비하고 시장에 접근하듯이, 다른 사람들도 그럴 것이다. 내가 1억에 산 물건을 단기간에 5천만 원을 더 붙여 팔 수 있다고 생각하는 것은 너무 이상적인 꿈이다. 결국 호구를 잡아 팔아야 한다는 말인데, 그 일이 결코 쉽지 않다.

고시원을 중개하는 부동산 사장님 가운데 "양도할 때는 한 명만 찾으면 됩니다"라고 장담하는 중개인이 있다면, 그 부동산은 믿어서는 안 된다. 공부를 전혀 하지 않고 창업을 준비하는 사람이 아주 없지는 않겠지만, 그런 요행을 바라고 이 시장에 뛰어들어서는 안 된다.

입장을 바꾸어보면 간단하다. 나 역시 해당 매물을 2억 정도의 값어치라 생각하는데 권리금을 붙이는 사람이 5천만 원을 더 달라고 한다면? 당연히 그 물건에 대해서는 신중히 접근할 것이다. 권리금이 있는 고시원 같은 특수 물건인 경우에는 권리금이 회수되지 않을 수 있다는 부담감이 크기 때문에 결국 매물을 결정할 때 가장 큰 요인은 인수하려는 고시원이 현재 월 얼마의 순수익이 나고 있는지가 결정의 핵심 포인트가 될 것이다. 나는 2억 초반을 투자해서 400만~500만 원이 나오는 데이터 물건을 취했는데 팔 때는 5천만 원을 올려 판다면, 상대방은 똑같이 400만~500만 원이 나오는 데이터의 물건을 2억 중반 또는 후반의 금액으로 인수하는 것이 되지 않는가 말이다. 등기매매할 수 있는 부동산처럼 공시지가가 있어 토지가격이 오르는 것도 아니고 건물을 빌려 월세 받는 장사를 하는 것인데, 호구를 잡아 판다는 생각은 하지 않았으면 좋겠다. 그리고 권리금은 이미 예전에 비해 많이 오른 상태다.

투자 대비 20%만 나와도 이익이다

그러나 현재 고시원을 직접 운영하고 있는 내 입장에서, 고시원은 여전히 경제적인 파이프라인이 가능하고 안정적인 수입을 만들어주는 매력적인 사업임엔 분명하다. 금리가 예전처럼 떨어진다면 다른 투자를 생각해볼 수도 있겠지만, 지금으로서는 이만한 투자처가 없다.

분기마다 금리가 떨어질 것이라는 말은 무성했지만 현실은 그렇지 않았다. 투자 대비 수익률이 25% 아니 20%만 나와도 매우 괜찮은 사업이라고 생각하고 있다. 거기에는 시간적인 메리트가 있다는 점이 항상 따라다닌다. 내가 현재 강의와 개인 컨설팅, 코칭 외 다른 사업을 같이 준비할 수 있는 것도 내가 고시원 운영을 하기에 가능한 일이다.

100억대 건물을 가지고 있어도 수익률은 4%에 그친다. 그리고 중요한 건 나에게는 100억이 없다는 사실이다. 얼마 전 현금으로 10억을 가지고 있으면 부자에 속한다는 기사를 본 적이 있다. 이렇게 큰 금액을 모아 건물을 사서 건물주와 비슷한 삶을 산다는 것이 나에게는 어렵다는 생각이 들었지만, 현재 고시원 사업은 나에게 건물주와 유사한 삶의 패턴을 가져다주었다. 이것이 나에게는 큰 의미가 있다. 내가 임차하여 운영 중인 건물주의 건물 가격도 100억이다. 우리 건물주는 1층 상가 임차인에게 월 500만 원의 임대료를 받고, 내 고시원 임대료로 매달 550만 원을 받는다.

그런데 나는 매달 방이 아무리 많이 빠진다 해도 채우는 노하우와 경험으로 3년 동안 월 800만 원 아래로 순수익이 떨어진 적이 없었다. 고시원 한 곳으로 시작한 원장님들이 두 곳, 세 곳 늘리는 이유가 여기에 있다. 경험이 주는 대단한 힘으로 사업을 확장해나가고 준비하는 분들이 많다. 어느 사업이든 장점과 단점이 공존하지만 투자 대비 수익률과 시간적인 여유를 안겨준 고시원 사업은 장사를 잘해서 안정적인 현금흐름을 만드는 데 매우 적합한 상품이라고 생각한다.

타인은 지옥?
남들이 하지 않아 더 벌고 있습니다

코로나 팬데믹 시기의 역발상

부동산 용어 중에 '파인애플 기법'이라는 것이 있다. "부동산 소유권으로부터 경제적 가치가 있는 권리를 새로 창출하여 분할하는 방법"을 말하는데, 예를 들어 한 통에 1만 원인 파인애플을 스무 조각으로 나누어 한 조각에 1천 원에 판다고 해보자. 이 경우 완판이 되면 총 2만 원의 수입이 생기고 이는 한 통 가격의 두 배가 되는 셈이다. '권리를 새로 창출하여 분할한 결과' 수익이 늘어난 것이다.

스터디카페와 고시원이 수익을 내는 구조도 '파인애플 기법'과 유사하다. 그러나 이 두 사업의 특징을 깊게 들여다보면 확연히 차이가 난다는 사실을 알아야 할 것이다.

나는 2021년 4월에 두 번째 고시원을 인수했고 지금도 직접 운영 중이다. 당시를 떠올려보면 코로나로 인해 여기저기서 안타까

운 사망자 소식이 끊임없이 들려오고, 사람들은 '코로나 팬데믹'으로 인한 '공포'와 '두려움'에 휩싸여 있었다. 모임 금지, 외출 금지 등이 보편적 생활방식이 되었을 때 나는 오히려 스터디카페를 할까, 고시원을 할까 하는 고민을 하고 있었다. 어느 누가 봐도 상식적이지 않은 행보라 할 수 있었다.

스터디카페 할래, 고시원 할래?

남들의 시장 판단이야 어떠하든 나의 결심은 확고했고 나는 스터디카페와 고시원 두 개를 두고 이해득실을 가늠했다. 단순하게 겉모습만 보면 스터디카페가 좋아 보였다. 깨끗한 시설로 새로운 사업을 하고 싶어 하는 건 당연하니까. 하지만 나는 두 업종의 차이에 집중했다. 이 둘의 가장 큰 차이는 주거에 속하는가 그렇지 않은가였다.

당시 코로나로 모든 업종들이 영업 제한을 받으면서 폐업하는 곳들이 많았고 외국인들이 들어오지 못하면서 자영업 전체가 타격을 받고 있었다. 대학가 근처 역시 예외는 아니었다. 학생들 수업이 온라인으로 전환되면서 카페, 술집, 식당은 물론이고 편의점마저도 매출에 타격을 입었다.

그러나 고시원은 달랐다. 공부하는 공간에서 주거 공간으로 인식이 많이 바뀌었으며, 코로나 당시에도 제약이 없지는 않았지만 타 업종에 비해 타격이 덜했던 것이 사실이다. 그때 내가 깨끗한 시설과 유행에 혹해서 스터디카페를 선택했다면 어땠을까? 아마도 그 후 아찔한 상황이 생기지 않았을까 싶은 마음에 지금도 식은 땀이 흐른다.

코로나 팬데믹 시절에도 내게 안정된 수익을 실현해준 고시원이 나는 지금도 여전히 블루오션 사업이라고 확신한다. 이렇게 확신하는 데에는 네 가지 이유가 있다.

고시원 사업이 블루오션인 네 가지 이유

내가 고시원 사업이 블루오션이라고 생각하는 네 가지 이유는 다음과 같다.

첫째, 출퇴근 시간이 정해져 있지 않다.

앞에서도 간략히 언급했지만, 대개의 사업장은 오픈 시간에 맞춰 문을 열고 마감 시간에 맞춰 영업을 종료한다. 고시원은 사실 24시간 운영되고 있음에도 불구하고 출근과 퇴근 시간이라는 굴레를 벗어나 내가 원하는 시간에 나가거나 일이 있을 때만 출근하는 시스템이다. 보통 창업 후 일정 시간이 지나고 나면 내부 청소나 비품 채우기 등의 정리를 하는 주기가 만들어지므로 그 패턴에 맞추어 출근하면 된다.

편의점, 프랜차이즈 빵집이나 샌드위치 가게 등의 영업 방식을 잘 살펴보자. 그 사장님들의 근무 시간은 물리적으로 정해져 있다. 아르바이트 직원과 교대를 하더라도 하루 정해진 시간은 채워야 수익을 높일 수 있다. 고시원에 비해 너무 장시간 근무하는 셈이다. 개인 상황이 어떻게 되든 이른 아침에도 영업이 시작되어야 하고 늦은 밤까지도 마찬가지다.

게다가 프랜차이즈일 경우 대기업이 윤리적인 문제 등으로 뉴스에 오르내린다면 그 피해를 점주가 고스란히 받게 되는 리스크도 있다. 프랜차이즈 본사가 대리점주의 매출을 책임지거나 대기업의 잘못된 가격 정책으로 인한 손해까지 책임지지 않는다는 점도 중요한 요소다.

둘째, 오토 운영이 가능하다.

요즘 사람들이 많이 선호하는 사업 중 하나로 무인 사업을 꼽을 수 있다. 무인아이스크림 가게, 셀프빨래방이 대표적인 무인 사업으로 홍보되고 있지만 뉴스를 보면 무인아이스크림 매장의 경우 돈통을 뜯고 현금을 훔쳐 가거나 계산을 하지 않고 나가는 일부 사람들 때문에 업주가 손해배상 청구를 하는 경우도 빈번한 게 사실이고, 셀프빨래방 역시 이용자가 아닌 사람들이 들어와 어지럽히고 가거나 밤새 잠을 자고 나가는 등의 문제로 골머리를 썩이고 있다는 영업주들의 이야기가 쏟아지고 있다.

반면 고시원은 사람이 거주하는 공간이다. 보통 한 달씩 입실 계약을 진행한 후 거주를 한다면 그 방은 사소한 민원 처리나 생활의 불편사항 정도만 해소해주면 된다. 오토, 좀 더 정확히는 반(半)오토 운영이 가능하다고 할 수 있다. 반오토 운영은 어찌 보면 당연한 이치다. 생각해보라. 주인이 한 번도 나가지 않는 사업장이 어떻게 잘될 수 있겠는가? 그러니 주기적으로 나가서 관리할 필요는 있다는 이야기다. 그러나 타 업종에 비해 오토 시스템으로 운영할 항목이 훨씬 많다는 점은 분명 차별화되는 지점이다.

셋째, 인건비 걱정이 없다.

2024년 최저 임금제도를 확인해보면 시급 9,860원으로 이를 월급으로 따지면 2,060,740원이다. 시급이 2023년 대비 2.5% 인상됐다. 이제 놀랍지도 않다. 5년 전인 2020년부터만 확인해도 매년 시급이 인상되지 않은 적이 없기 때문이다.

오래전부터 편의점을 운영하는 친구가 있는데 최저 시급이 오를 때마다 한숨을 쉬곤 한다. 어느 날 야간에 일하는 아르바이트생이 점주인 자신보다 시급에 따른 돈을 더 벌어간다고 쓴웃음을 지으며 말한 게 기억난다.

나는 현재 고시원 5년 차를 경험하고 있는데 지금까지 한 번도 '총무'를 고용한 적이 없다. 총무 아르바이트생이 없어도 얼마든지 운영이 가능하기 때문이다. 따라서 매년 인상되는 최저 시급에도 나는 스트레스를 받지 않으며, 나와는 무관한 일, 무관한 사업 종목으로 생각하고 있다.

넷째, 공급이 부족하다.

장사를 하는 데에 가장 중요한 것 중 하나가 바로 그 사업의 '안정성'이다. 같은 업종이어도 누가 장사를 하는지에 따라, 즉 장사 능력치에 따라 그 결과가 달라질 텐데 애초에 내가 하는 사업의 능력치가 다르다면 그 사업의 안정성은 보장받지 않겠는가. 한 골목에도 편의점들이 서로 마주 보고 들어서 있고, 바로 옆 건물 1층과 내 카페가 불과 몇 미터 간격을 두고 영업을 하기도 한다.

심지어 스터디카페 같은 경우 한 분양 상가에 독서실을 포함하여 다섯 곳이 있는 곳을 본 적도 있다. 스터디카페나 독서실은 시설 장사를 하는 업종인데, 같은 건물에 새로운 곳이 생겨나면 수요는 당연히 새 곳으로 이동하게 되며 결국 같은 업종의 운영자들은 매출을 나누어 먹기 하듯 힘든 상황을 겪을 수밖에 없는, 불 보듯 뻔한 구조가 된다.

그러나 고시원은 다르다. 건축법 용도상 제3종일반주거지역 이상 지역에 신축이 가능하며, 예전에는 제2종근린생활시설(고시원) 명칭으로 건축물대장상에 표기되었으나 현재는 다중생활시설로 표기된다. 같은 건물에 주택이 있는 경우 신설에 제약이 있으며, 기본적으로 소방시설을 의무적으로 해야 하고 복도 규격은 마주 보는 양문형의 경우는 1.5~1.8미터 사이, 벽을 보고 있는 문의 경우는 1.2미터로 지자체마다 약간의 차이점을 두고 있으나 시설 규약이 정해져 있다.

또 150평 이상의 경우 150평 미만으로 사업자를 분리해서 신설해야만 소방필증 재교부 및 용도변경이 가능하며, 너무 적은 평수라면 현재의 건축법과 소방법에 맞추어 리모델링 공사를 해야 한다(근린생활시설의 경우 150평 이상도 층수가 다르다면 고시원 운영이 가능하다. 다만 이때는 소방을 따로 받아야 하고 사업자 명의자도 달라야 하는 등 조건을 맞추어야 하는데, 이와 관련해서는 반드시 해당 구청 건축과에 문의해서 적법한 것인지를 확인한 뒤에 시행해야 한다. 자칫 시설 업자들이 팁이라고 주는 정보나 부동산 중개인의 말만 믿고 섣부르게 결정해서는 안 된다). 이때 드는 비용은 평당 350만~380만 원 정도로, 여기에 공사비 및 폐기물 비용, 권리금 등을 복합적으로 고려한다면 시설을 지어 이윤을 남기기는 어렵다는 것을 알게 될 것이다. 즉, 타 업종만큼 공급이 원활한 사업장이 아니라는 이야기다. 이것이 고시원 사업이 블루오션인 네 번째 이유다.

고시원이라는 키워드가 주는 고정관념을 활용하자

주변에 "나 고시원 사업하려고 고민 중이야" 하고 이야기하면 가족, 친구, 지인 대부분이 이런 반응을 보일 것이다. "고시원, 더럽고 구질구질한 일 아니야?", "평생 회사만 다닌 애가 뭘 어쩌려고?", "(만약 여성이라면) 여자 혼자 그 일을? 안 돼. 아예 접근하지 마", "거기 거칠고 험한 사람들이 사는 곳 아니야?", "안 하는 게 돈 버는 거다" 등등 거의 부정적인 답변이 돌아올 것이다. 왜 이렇게 말하는 것일까? 어째서 단 한 명도 긍정적으로 말하는 사람이 없는 걸까?

아마 고시원이라는 키워드가 주는 고정관념이 우리의 머릿속에 이미 자리 잡고 있기 때문일 거다. 고시원 하면 드라마 〈타인은 지옥이다〉가 먼저 떠오르는 게 보통 사람들이 고시원에 대해 갖는 고정관념이다.

그렇다면 시작이 아름다워 보이는 창업만을 이야기해야 긍정적인 답변이 돌아올까? 사람마다 사업을 하는 목적에는 서로 다른 점이 있고 또 사업에서 추구하는 가치도 각자 다 다르겠지만, 누구나 '그 사업 좋겠다'라고 이야기하는 사업이라면 경쟁이 심한 업종이라고 보는 것이 맞지 않을까? 고시원은 적어도, '그 사업 좋겠다'라고 선뜻 말하는 사람이 없는 시장이다. 진입을 꿈꾸는 사람도, 그 사업이 근사하다고 생각하는 사람도 거의 없는 사업이다. 이 말은 역으로 경쟁 수요가 준다는 말이고, 키워드가 주는 고정관념 때문에 진입 장벽이 높기에 무한 경쟁 시장에서 한발 앞서 나갈 수 있는 종목이 된다는 말이다.

최저시급 free

앞에서 나는 고시원이 블루오션인 세 번째 이유로 인건비 걱정이 없다는 점을 들었다. 다음 표는 최근 5년간 최저임금이다. 1인 사업으로 하는 경우 말고 사업장 영업이라면, 혼자서 사업의 시간을 모두 감당하기가 어려운 부분이 있어 고용을 하고 인건비를 지출하지만 인건비에는 돈과 함께 사람을 쓰는 스트레스도 같이 감당을 해야 하는 것이 현실이다.

앞에서도 말했듯 고시원의 경우 총무를 반드시 두어야 하는 것이 아니기 때문에 시급, 월급이 별도로 지출되지 않을 수 있고, 청소도 매일 하지 않아도 되므로 인건비 비중이 높지 않다. 평일 청

구분	시급	월급	구분	시급	월급
2024년	9,860원 (2023년 대비 2.5% 인상)	2,060,470원	주간 총무	×	×
2023년	9,620원	2,010,580원	야간 총무	×	×
2022년	9,160원	1,914,440원	단기 알바	×	×
2021년	8,720원	1,822,480원	주말 청소	×	×
2020년	8,590원	1,795,310원	평일 청소	15,000원 (1시간)	30만~40만 원 (월, 수, 금)

소만 시급으로 구할 경우 1시간에 최저 시급보다 높은 15,000원을 지불하면 사람 구하는 것은 어렵지 않다(층이 2개냐 3개냐에 따라 비용이 다를 수 있다). 주 3회 정도 청소 이모님을 뽑거나 업체를 통해 고용한다면 월 30만~40만 원 정도 비용으로 운영이 가능하다. 만약 전업으로 운영한다면 청소는 내가 직접 하기에 추가 지출 또한 줄이게 될 수 있을 것이다.

무늬는 서비스업이지만 내실은 임대업

고시원 사업은 분명한 서비스업이다. 임대업이라고 하는 개념을 생각하는 것은 건물(방)을 임대해주고 정해진 날짜에 월세를 받으며 아무것도 하지 않아도 되기 때문이다. 고시원은 임대 후 운영을 직접 해야 하고 방도 일반 부동산에서 파는 것이 아니라 직접 팔고, 방이 빠지면 청소도 해두고, 행정 업무, 내부 정리, 민원 등 모든 것을 사장이 해야 하기 때문에 서비스업이라고 말하는 것이다. 그리고 이 부분에서부터 고시원의 내실은 '임대업'이라는 포인트를 말할 수 있는 부분이 된다.

고시원이야말로 시스템을 잘 갖추면 임대업과 가장 유사한 사업이라고 나는 말하고 싶다. 운영에 대한 경험이 쌓이면 별거 아닌 일들에 대응하고 처리하는 노하우가 생기기 마련이고, 홍보 역시 고시원을 찾는 수요층을 대상으로 광고할 수 있는 곳이 정해져 있다. 방의 컨디션을 만들고 방 가격은 주변 경쟁 업체를 파악하여 한 달 가격을 측정할 수 있으며, 보일러, 에어컨 등 IOT 설치를 통해 외부에서 컨트롤할 수 있는 시스템을 만들어두면 된다. 방과 고시원 내부 청소는 청소 이모님이나 업체를 통해 주 3회 실시하면 아주 편하게 운영하는 시스템으로 장착이 되는 것이다.

나는 수강생들에게 고시원 사업은 처음 시작할 때는 서비스업으로 진입했다가 이후에는 청소업으로 넘어가고, 또 이후에는 설비업으로 이어진다고 설명한다. 주거 서비스를 고객에게 제공하는 것으로 시작하지만 공간을 깨끗하게 청소하고 관리하게 되고, 건물을 임대하여 장사를 하다 보니 건물 구석구석의 시설 교체와 기계 관리 등의 일이 생기기 때문에 설비업으로 넘어가게 되기 때문이다. 신기하게도 창업한 원장님들은 내가 이런 설명을 하면 강력하게 동의한다. 실제 운영 경험 과정이 비슷하게 흘러가는 걸 직접 느끼기에 그렇다.

이 모든 과정을 거치고 나면 이후에는 장기 입실자들의 성향 파악이 가능해지고, 새로 입실한 분들의 응대, 관리하던 방이 빠지면 청소하기 등 새로 세팅을 해서 다음 입실자를 맞이하는 등의 루

틴에 익숙해져서 창업 후 두 달까지는 매일 나가던 고시원에 이틀에 한 번 2~3시간 정도만 일하고 들어와도 내부 파악이 가능해진다. 몇십억의 돈으로 건물을 임대를 하는 것이 아니기 때문에 처음에는 모든 것이 서툴고 어렵겠지만 적응하면 원활한 일처리가 가능해지고 시스템이 자리를 잡게 되어 건물주와 유사한 사업이라는 경험을 하게 될 것이다. 무늬는 서비스업이지만 내실은 임대업! 내가 고시원으로 남들보다 많이 벌 수 있는 이유다.

장점과 단점을
확실히 알고 출발하자

장점1_ 투자대비 수익률 30%부터 시작한다

고시원은 총 투자금 대비 수익률 30% 이상의 사업이라는 사실은 이제 많이 알려져 있다. 유튜브 영상 등을 보면 바로 확인이 될 정도다. 그러나 영상을 업로드한 날짜를 보면 1~2년 전 영상들이 많이 보일 것이다. 2022년, 2023년에 비해 현재는 권리금도 많이 오른 상태고, 도시가스, 전기요금이 인상되면서 수익률로 계산해 보면 이에 미치지 못하는 경우가 있기에 나는 수강생들에게 총 투자금 대비 25% 정도 보고 진입하는 것이 현실적으로 맞다고 이야기한다.

하지만 사업이지 않은가? 어떤 사람은 현 수익 데이터가 25% 나오지만 인수 후 방 가격을 인상해 30%, 35% 수익률을 만드는 분도 있고, 만실 데이터로는 30% 수익률이 넘지만 공실이 늘어나고 방 가격을 낮추는 바람에 수익률이 떨어지는 경우도 생기곤 한다. 고시원을 창업하기만 하면 바로 30%가 나온다는 생각은 버려라. 최고의 데이터가 얼마인지 체크하고 100% 만실부터 90%, 80%로 방을 채워 운영할 때 매월 건물주에게 지불하는 임대료를 빼고 관리비와 공과금, 운영비 등의 지출을 제외하고 내가 가져가는 매월 순수익이 얼마인지를 1년 평균으로 계산해서 수익률을 내는 것이 정확하다.

간혹 투자자들이 이런 이야기를 한다. 80% 이하로 떨어지면 수익이 거의 없고 70% 되면 마이너스가 아니냐는 질문 말이다. 나의 답변은 간단하다. "그렇다면 그분이 장사를 못하는 것입니다." 고시원 사업은 임대업이 아니라 장사, 즉 비즈니스다. 나는 70%까지 떨어졌거나 공실이 많이 생긴다면, 그건 인수하는 사람이 장사를 못했기 때문이라고 과감하게 이야기한다.

장점2_ 코로나 19도 이겨낸 사업이다

나는 첫 번째 고시원을 코로나가 시작된 시기인 2020년에 시작했다. 당시 그렇게 긴 시간, 코로나가 이어질 거라고는 누구도 생각지 못했다. 마스크를 착용하며 곧 코로나가 끝나겠지, 끝날 거야 했던 것이 근 3년간 지속되었다. 아무것도 모른 채 고시원을 인수했을 당시, 총 29실 중 12실이나 빠져 있어서 이미 수익은 마이너스였다. 한 달 정도 폐기물을 버리고 한 달은 부분 인테리어를 진행했으며, 석 달째 홍보를 통해 만실을 채울 수 있었다.

이후 2021년 4월에 두 번째 고시원을 인수하며 갈아타기를 했을 때는 코로나19로 여기저기서 사망자 소식이 하루가 멀다 하고 들려오던 시기였다. 공포의 분위기가 팽배했고, 백신을 맞고도 두려움이 엄청난 시기였다. 두 번째 고시원 역시 인수 당시 총 44실 중 10개가 넘는 방이 비어 있었다. 그러나 첫 번째 운영한 고시원 경험을 가지고 빠르게 정비한 후 인수 한 달 만에 방을 모두 채우고 2024년 현재까지 가장 공실이 많았던 적이 7실에 불과하다. 현재(2024년 3월 17일 기준) 내가 운영하는 고시원은 또다시 만실로 운영 중이다.

코로나19의 위세는 유명 연예인이 이태원에 운영하던 10개의 매장을 폐업하게 만들 정도로 강력했다. 모든 업종들이 버티고 버티다 무너진 경우가 많았지만, 고시원이 이를 이겨낸 사업이라고 말할 수 있는 건 하나다. 의식주 사업에 속하기 때문이다. 주거상품 중 최하위 상품으로 구분되는 고시원은 코로나 팬데믹 시기에도 정부가 제약을 두는 것에 한계가 있는 사업장이었기에 피해를 최소화할 수 있었다.

서울과 수도권을 비롯해 지방을 따지더라도 고시원은 생각보다 많다. 설사 정부에서 '혐오시설'로 본다고 하더라도 이 많은 시설에 살고 있는 사람들을 고려할 때 정책 입안이나 집행 시 이를 염두에 두지 않을 수 없을 것이다. 전염병은 주기적으로 사람들을 덮친다. 앞으로도 코로나19 같은 바이러스가 다시 안 올 것이라 생각하지는 않는다. 그러나 주거 공간인 만큼 어느 업종보다 타격은 덜할 곳이라고 생각한다. 흥미로운 점은, 코로나 때도 장사가 잘되던 고시원은 잘되었고 코로나가 종식된 지금도 장사가 안 되던 고시원은 여전히 어렵게 운영하고 있다는 사실이다. 코로나19가 주된 원인이 아니라는 소리다.

당시 내 고시원에도 총 5명의 확진자들이 나왔었다. 사람이 많이 살고 있기에 확진자가 나오는 것이 당연했다. 방이 텅텅 빈 고시원에 확진자가 나올 여지는 없는 것이다. 처음 확진자가 나왔을 때만 해도 보건소에서 연락이 와 역학조사를 해야 했다. 방역에 난리 통이 아니었지만 차츰 시간이 흐르면서 감기처럼 되어버렸고, 이제는 우리 곁에서 익숙한 바이러스로 공존하고 있다.

장점3_ 1인 사업, 투잡러가 가능하다.
단 이것만 명심한다면

수강생이나 고시원에 관심 있는 분들로부터 "1인 사업이 가능한가요?"라는 질문을 많이 받는다. 그때마다 나는 "고시원 사업을 시작한 지 5년 차인데 혼자 운영하지 않은 적이 없습니다"라고 답한다. 현재 내가 혼자 하고 있는 것이, 바로 1인 사업이 가능하다는 것을 증명한다고 설명한다. "그럼 투잡은 가능한가요?"라는 질문이 이어지곤 하는데, 이 질문에는 설명하고 싶은 게 있다.

2023년, 100명이 넘는 오프라인 수강생들 중 50명 이상이 직장인이었다. 그분들에게 나는 투잡으로 불가능하다고 말하지는 않는다. 다만 투잡을 한다는 건 직장을 다니며 추가 파이프라인을 만

들겠다는 의미일 텐데, 영업직이 아니라면 근무시간에는 자리를 지키고 있어야 하지 않겠는가. 만약 업무가 바빠서 입실 문의 응대 전화도 못 받는 상황이라면 투잡으로 창업을 했다고 해도 어려울 것이라고 말한다. 직접 전화 응대를 받아서 방을 안내해야 하는데 그것조차 안 된다면 시작이 어렵지 않겠는가. 만약 가족 중 대신 전화를 받아 응대하거나 하는 방법을 찾아 대응한다면 이야기가 달라지지만 말이다.

투잡을 하기 위해서는 인수하려는 고시원과 집까지의 거리나 다니고 있는 직장과의 거리를 우선으로 생각해보고 이동 시간을 중점으로 보는 것이 좋고, 손이 적게 가는 '올원룸형'인지 공용 공간 등을 신경 써야 하는 '올미니룸'인지도 살펴봐야 한다. 만약 2억을 투자해서 얼마를 벌고 싶어 이 사업에 진입하려 하시냐고 질문해보면, 투잡일 경우 300만~400만 원이면 괜찮을 것 같다고 말하는 이가 있고 투자대비 수익률 30%를 생각해 600만 원이라고 말하는 이가 있다. 이 중 후자에게 나는 '투잡'임을 강조해서 말씀드린다. 전업이 아니라 투잡을 하는 건 시간을 올인하여 운영할 수 없고 자금을 투자해서 수익을 플러스하려는 것인데, 여기서 수익에 포커스를 더 맞출 것인지 시간에 더 중점을 둘 것인지 우선 판단하라고 말이다. 그리고 월 500만 원을 벌고 싶으면 임대료로 월세 500만 원짜리 정도는 들어가야 한다고 얘기한다. 이유는 방 개수가 많아야 수익이 높게 올라가기 때문이다. 그 이야기는 대지 평수가 크다는 것이고, 평수가 크다면 월세는 높은 게 당연하지 않겠는가. 투잡이지만 월세는 저렴하고 수익은 높게 나오는 물건을 찾는 것은 맞지 않는 말이기 때문에 투잡을 고려하는 분이라면 본래 하는 일에 지장을 주지 않고 운영이 편하거나 손이 최대한 덜 가는 매물을 선별하고 진입하는 것을 권한다.

4년 전부터 개인 컨설팅, 코칭, 강의를 통해 많은 사람들과 통화를 하고 대면 상담과 창업을 하는 데 여러 도움을 주며 보고 느낀 점이 하나 있다. 높은 수익률을 원하는 경우가 그렇지 않은 경우보다 시작하고 나서 더 고생을 많이 한다는 사실이다. 사람이 많이 먹어서 탈이 나지 적게 먹어서 탈이 나는 경우는 없다고 얘기해주고 싶다. 아무런 경험이 없기에 해당 업종의 전문가가 될 때까지 큰 욕심을 부리지 않고 시작한다는 마음을 먹는다면, 시간과 경험이 투잡으로 만족할 만큼의 보상을 해줄 수 있다고 본다.

장점4_ 젊은 원장들의 유입, 고시원도 젊어진다

나는 현재 '단희캠퍼스'라는 강의 플랫폼에서 고시원 창업 강사로 강의를 하고 있다. 단희캠퍼스의 구독자는 거의 80만 명에 가깝다. 처음 강의를 시작할 때 단희 대표님이 구독자 중 50대가 많다고 해서 수강생도 그 연령대가 많으리라 예상했는데, 그렇지 않았다. 30대 초반부터 후반, 40대분들이 꽤 많았다. 정보화 시대, 시스템을 더 빠르게 갖추어 운영하려는 젊은 사람들이 많다는 걸 알게 되었다.

물가는 매년 가파른 속도로 인상되고 있다. 1인 가구부터 신혼

부부, 외벌이나 맞벌이 부부도 모두 생활비 부담이 가중되고 있다. 고시원 강의에 젊은 세대가 몰려드는 이유도 월급 외 추가 수입을 만들고 싶은 사람들이 많기 때문이다. 그리고 고시원 운영은 시스템화가 가능해, 경험이 쌓이면 누구나 어렵지 않게 운영이 가능하기에 은퇴를 앞둔 퇴직 예정자뿐 아니라 젊은 세대의 유입도 많다고 생각한다.

이런 이유로 강의실에는 30대부터 50대까지 다양한 연령층이 모여 계시는데, 50대분들 가운데는 이런 말씀을 하는 경우가 있다. 이제 50대가 넘었으니 실패하면 절대 안 된다. 많이 도와달라고 말이다. 그럴 때마다 나는 한 분 한 분 도움을 드리기 위해 최선을 다하겠다고 약속하며 진심 어린 마음속 말을 그대로 전한다. "그런데 한 가지는 정확히 아셨으면 합니다. 30대, 40대 수강생분들 역시 실패하면 절대 안 됩니다. 어느 한 분도 간절하고 절실하지 않은 분이 없습니다"라고 말이다.

젊은 세대 역시 대출을 통하거나 안 먹고 안 입고 아끼고 아껴서 모은 큰 자금으로 새로운 도전을 하려는 건 마찬가지다. 그래서 더 열심히 공부해서 원하는 바를 같이 이루어보자고 전한다. 젊은 층의 유입은 IOT를 활용한 보일러, 에어컨 가동 시스템, 비대면 서류 작성이나 온라인 전송 등의 원활한 시스템화를 가속화하고 편리하게 만들어주고 있다. 이는 기존 고시원 시장의 관점을 한층 더 젊게 해주는 데 큰 도움이 되어준다.

단점1_ 매출의 꼭지점을 알고 시작하는 사업이다

고시원 사업 매출은 해당 매물에 따라 모두 정해져 있다. 예를 들어 38만 원짜리 방이 44실 있는 고시원이라면 최대 매출은 44실 × 38만 원 = 1,672만 원이다. 여기에 건물주에게 지불하는 임대료가 550만 원에 부가세 별도라고 해보자. 그럼 월 임대료가 605만 원이다. 관리비는 없는 건물이라고 하고, 각종 공과금(수도, 전기, 도시가스, 인터넷, TV, 일반전화)과 운영비, 부식(쌀, 라면) 등으로 매달 지출하는 돈 20만 원을 잡으면 대략 230만 원 정도의 지출이 발생한다. 이를 계산하면 다음과 같다.

총 매출 1,672만 원 - 월 임대료 605만 원(vat 포함) - 공과금 + 운영비 230만 원

월 만실 순수익 = 837만 원

이처럼 운영하는 고시원에 방 개수 평균 가격과 월 고정임대료 지출이 있기 때문에 매출의 꼭지가 있다는 점이 고시원 운영의 단점이라면 단점이다. 그럼 추가 매출을 올릴 수 있는 방법은 없을까? 있다. 바로 운영하는 방 가격의 평균 비용을 인상하는 것이다. 고시원을 창업하고 2주 정도 지나면 초보 원장님이 가장 많이 하는 생각이 '이제 슬슬 방 가격을 올려볼까?' 하는 것이다. 내부적으로 편의성을 더 제공하고 공용 시설의 컨디션을 좋게 했다거나, 공실이 된 방의 도배와 장판 등을 새로 해 깨끗하게 투자했다면 해볼

만하지만 아무것도 하지 않고 인수만 했다 해서 방 가격을 올릴 수 있다고 생각한다면 착각이다. '3만 원 올리는 건데 뭐 어때?' 하고 생각할 수 있지만, 입실해서 살고 있는 사람들 입장에서는 3만 원이 30만 원처럼 느껴질 수도 있기 때문이다. 나는 5년 차 고시원을 운영하며 퇴실 시 방 상태를 확인하고 보증금 3만 원을 돌려주는 제도를 하고 있는데, 여태껏 3만 원의 보증금을 받아 가지 않은 사람은 아무도 없었다.

공과금 지출은 여름철에는 에어컨 전기료가, 겨울철에는 난방 보일러 비용이 높게 올라가는 시기다. 그래서 우리는 봄가을이 가장 성수기라고 말하곤 한다. 공과금이 많이 나오는 철에는 평수에 따라 월 200만 원까지 나오는 달도 있고 봄가을의 경우엔 170만 원 정도 나오는 달도 있으니, 대략적인 평균을 잡아 공과금 지출을 계산한다. 정확한 공과금은 인수 계약 시 전 원장님이 지출 항목을 가지고 오는 것을 정확하게 확인하면 된다.

2장

실전 팔로어

고시원 창업의 6단계
프로세스 따라가기

> 1단계 고시원 시장을 알다

정확한 이해가 성공적인 창업으로 이어진다

아는 것이 힘이다

고시원 사업은 이 시장의 개념을 정확히 파악하고 장점과 단점을 충분히 인식한 상태에서 시작하는 것이 중요하다. 안정된 수익률을 가져다주기는 하지만 스스로의 노력과 경험, 시스템을 활용하는 노하우가 필요하며 황금알을 낳는 거위처럼 수익률이 마냥 치솟는 사업이 아니라는 한계를 명확히 아는 것이 큰 무기가 되기 때문이다.

1장에서 자세히 소개했듯 고시원은 투자가 아니라 사업이고 장사, 즉 비즈니스다. 그래도 다른 사업에 비해 실패 확률이 매우 낮은 비즈니스임에는 틀림없다.

수강생 원장님들의 고시원은 현재

다음 표는 내 강의를 듣고 고시원을 창업한 원장님들의 고시원 사업 데이터다. 표에서 보이듯 2023년에 창업한 원장님들은 해당 지역, 총 가용 금액, 방 타입 등이 매우 다양함을 알 수 있다. 방 가격과 공실, 월 순수익 등 현재 운영 상황도 살펴볼 수 있다.

[16개 고시원 운영 현황 (2024년 1월 기준)]

(단위: 원)

	창업연도 / 지역	(초기 비용) 권리금/ 보증금/ 인테리어비용	(고정비용) 임대료/관리비	방 타입/ 개수	평균 방 가격	공실	월 순수익	연 수익률
1	23년 3월/ 서울 강남구	1억 7,700만/ 8천만/ 1천만	800만(vat포함)/ 없음	올원룸형/ 31실	59만	0실	800만	35.9%
2	23년 3월/ 경기도 안산	1억 3,500만/ 4천만/ 0원	530만(vat포함)/ 150만 집합건물	올원룸형/ 34실	39만	2실	400만	27%
3	23년 6월/ 서울 성북구	2억 4천만/ 5천만/ 0원	415만(vat포함)/ 없음	올원룸형/ 27실	49만	3실	700만	28.9%
4	23년 6월/ 서울 강서구	2억 1,500만/ 1억/ 50만	650만(vat포함)/ 1만	올원룸형/ 36실	48만	0실	910만	34.6%
5	23년 6월/ 서울 노량진	1억 8천만/ 4천만/ 0원	539만(vat포함)/ 없음	올원룸형/ 32실	43만	4실	620만	33.8%
6	23년 9월/ 경기도 파주	1억 5,500만/ 4천만/ 0원	385만(vat포함)/ 70만	혼합형/ 43실	28만	2실	600만	36.9%
7	23년 9월/ 경기도 파주	1억 1,200만/ 4천만/ 700만	300만(vat포함)/ 100만 집합건물	올미니룸/ 33실	30만	0실	420만	31.6%
8	23년 9월/ 서울 중랑구	1억 1,200만 / 3천만/ 1,500만	110만(vat포함)/ 25만	올원룸형/ 18실	36만	0실	400만	30.5%
9	23년 9월/ 서울 종로구	3억 1,500만/ 3천만/ 1,500만	275만(vat포함)/ 30만	올원룸형/ 36실	40만	2실	770만	25.6%
10	23년 9월/ 경기 의정부	3,300만/ 5천만/ 6천만	352만(vat포함)/ 44만	올미니룸/ 42실	27만	8실	300만	25%

11	23년 9월/ 경기도 군포	1억/ 4천만/ 500만	190만(vat포함)/ 55만	올미니룸/ 42실	26만	0실	450만	54%
12	23년 9월/ 서울 강동구	2억 3천만/ 3,500만/ 0원	385만(vat포함)/ 20만	혼합형/ 31실	35만	0실	500만	22.6%
13	23년 10월/ 경기도 수원	8,500만/ 4,500만/ 700만	330만(vat포함)/ 113만	올미니룸/ 37실	27만	0실	350만	30.6%
14	23년 10월/ 서울 영등포	1억 5천만/ 4천만/ 3천만	340만(vat포함)/ 없음	혼합형/ 34실	35만	5실	480만	26%
15	23년 12월/ 서울 성북구	1억 9,500만/ 4천만/ 0원	396만(vat포함)/ 없음	올미니룸/ 48실	26만	10실	350만	17.8%
16	23년 12월/ 서울 서초구	3억 9천만/ 6천만/ 0원	682만(vat포함)/ 55만	혼합형/ 43실	47만	7실	630만	16.8%

*연 수익률 계산 = 월 순수익 × 12 / 총 투자금

방 타입이나 지역 모두 수익률과는 무관하다

고시원 창업을 준비하는 분들의 질문 중에 하나가 "이 지역은 수요가 많나요?", "장사는 잘되나요?"이다. 나의 답변은 고시원은 주거 공간이므로 어느 지역이든 수요는 있다고 말한다. 다만 내가 인수하여 운영할 고시원이 해당 지역에서 몇 등을 할 수 있는지가 가장 중요하다고 설명한다.

만약 본인이 올원룸형 고시원을 창업할 예정인데 주변에 프리미엄 고시원(방 안에 세탁기 또는 건조기가 설치되어 있고 방의 평수가 3~4평)이 있어서 고민이라면, 나는 그분에게 그 고시원은 우리의 경쟁상대가 아니라고 단호히 말한다. 신설로 공사하여 사업을 시작한 프리미엄 고시원의 경우는 공사비와 권리금 등 추가 비용이 더 들어갈 것이고 집기 등 필요한 비품도 많을 것이다. 즉, 내가 하려는 고시

원과는 투자 금액도 다르고 방 가격도 65만 원에서 90만 원 이상으로 확연히 높을 것이다. 그런 곳이 어떻게 나의 경쟁이 되겠는가?

미니룸을 인수하는 고시원 원장님의 경우도 마찬가지다. 주변에 원룸형 고시원이 있어 비교가 된다고 고민하는데, 이 역시 우리의 경쟁상대가 아니므로 상관하지 말아야 한다고 말씀드린다. 나의 가용 금액에 맞게 미니룸에 투자했다면 이 역시 주변 미니룸을 내 고시원의 경쟁상대로 국한해야 한다. 그러고 난 뒤에 그중에서 내 고시원의 시설 상태, 방 가격, 컨디션, 위치, 서비스 등에서 1등을 차지할 수 있도록 해야 한다. 그렇게 되면 저가형 미니룸을 찾는 사람들은 나의 고시원을 우선으로 보러 오게 될 것이며 내 고시원의 방이 다 차서 만실이 되면 2등, 3등 하는 미니룸으로 수요가 넘어갈 것이다.

앞에 소개한 표에서 알 수 있듯 16개 고시원의 수익률은 평균 29.85%임을 알 수 있다. 그리고 평균 수익률 29.85%에 도달하는데 방의 타입이나 개수는 그다지 중요하지 않음을 알 수 있다. 원룸형이든 혼합형이든 미니룸이든 투자 비용 대비 수익률을 올리는 데는 큰 차이가 없었다.

공실률이 낮다는 점도 내 수강생 원장님들의 큰 특징이다. 이는 서울 시내와 수도권 고시원의 평균 공실률보다 훨씬 낮은 수치다. 현재와 같은 공실률을 유지한다면 지금의 수익률을 달성하는 데는 크게 무리가 없을 것이다.

앞의 표에서 보듯 가장 최근에 창업하여 운영하는 고시원의 경우 내부적인 정비와 일손이 잡히는 데까지는 두 달 정도 시간이 걸릴 수 있다. 그 이후 방의 컨디션을 만들고 사진을 촬영하여 온라인 홍보 마케팅을 하고 운영 응대, 홍보 방법을 세팅하면 방을 채울 수 있게 되고 자신감도 같이 따라오게 될 것이다. 오늘 당장 만실이어도 이번 주 주말에 갑자기 퇴실 방이 생길 수 있는 것이 고시원이지만 곧 다시 빈방을 채우고 매달 수익을 가져가게끔 하는 일이 고시원 사업의 핵심이라고 생각한다. 만실을 찍어본 원장님은 방 가격도 유연하게 조율하는 등 만실을 채울 수 있는 자기만의 노하우를 발휘할 수 있다. 이 모든 과정에는 시간과 노력 그리고 경험이 반드시 필요하다.

    이어지는 글에서는 실제 고시원을 창업할 때 어떤 절차와 순서로 준비해야 하는지를 실전에 필요한 내용을 담아 소개할 것이다. 실제 내 수강생분들은 이 6단계, 6주 과정을 토대로 고시원 창업의 A부터 Z까지 필요한 내용을 전달받는다.

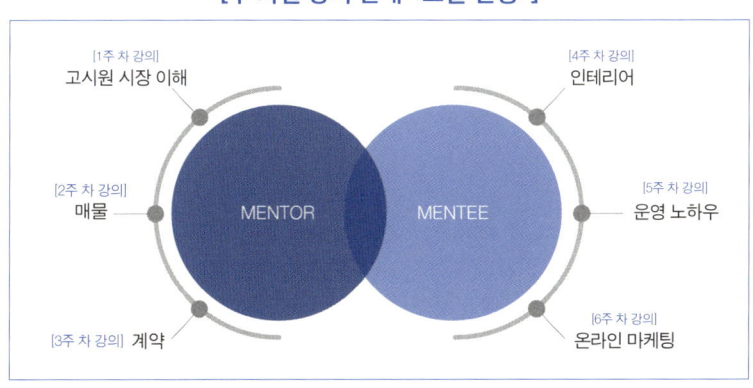

[주 차별 강의 안내 <조별 진행>]

고시원킹의 실전 어드바이스 1

생계형인가 투자형인가를 명확히 알고 첫발을 내딛자

내게 강의를 들으러 오는 수강생들이 고시원 창업에 관심을 갖는 이유는 투자 대비 수익률 30%라는 점과 오토(반오토) 운영이 가능하다는 점 때문이다. 나는 수업 때 수강생들에게 고시원 창업의 목적에 대해 질문한다. "당신의 창업은 생계형입니까 투자형입니까?" 이 질문에 대한 답변은 대부분 이렇게 돌아온다. "생계형 투자자입니다"라고. 그런데 '생계형 투자자'라는 말은 이 시장에서는 매우 모호한 표현이다. 안정된 수입과 시세차익 모두 포기할 수 없다는, 어찌 보면 두 마리 토끼를 다 잡고 싶다는 바람이 가득 담긴 말이기 때문이다. 물론 고시원을 창업하려는 분들은 그만큼 투자자의 성향을 가지고 진입하는 이들이 많고 이런 현상은 이미 오래전부터 고시원 시장에 형성되어 있었기에 자연스러운 결과일 수도 있다.

그런데 이런 조건이 2024년인 지금도 여전히 유효할까? 투자 대비 고수익률 사업이라는 예전의 상황만 생각하고 고시원에 뛰어드는 것은 큰 오산이다. 우선, 예전에 비해 전기요금과 도시가스 요금이 대폭 인상되었다. 고시원 사업에서 큰 지출을 차지하는 공과금이 인상되었다는 이야기다. 그러니 투자 금액 대비 수익률이 이전에 비해 떨어진 게 사실이고 '수익률 30%'라고 이야기하는 유튜브 영상들도 아마 1년 전 영상이 많을 것이다. 시세차익 또한 많이 기대할 수 없는 사업이 고시원이다. 예전에 비해 권리금이 많이 오른 상황인 데다, 대출을 일으켜 사업을 하는 경우 금리가 올라 투자 상품으로서의 가치도 크지 않기 때문이다.

그래서 나는 현 시장은 투자 금액 대비 수익률이 25%, 그것도 만실 기준인 데이터를 보고 진입하는 것이 현실적이라고 코칭한다. 또 하나, 고시원 사업이 매출 면에서 꼭지가 있는 사업임을 분명히 알고 시작하라고 조언한다. 그래서 자신이 부동산 투자처럼 시세차익에 더 방점을 두고 있는 사람인지, 꾸준한 사업 운영으로 안정된 고정수익을 원하는 사람인지를 먼저 생각해두고 첫발을 내딛는 것이 중요하다고 강조한다.

물론 고시원이 꼭지가 있는 사업이기는 하나 운영자가 누구냐에 따라서 얼마든지 초반기의 매출 상한을 뚫고 꼭지를 찍을 수도, 초기 매출에서 떨어질 수도 있는 사업이다. 일례로 25% 수익률을 보고 창업했다고 하더라도 어떤 수강생은 자기만의 사업 방법으로 서비스를 제공하여 계속적으로 방 가격을 인상하는 방법을 택하여 30% 넘게 수익을 내는가 하면, 어떤 수강생은 이와 반대로 인수 후 방을 채우지 못해 공실이 장시간 길어진 결과 25%가 아니라 그 이하로 내려오는 경우도 얼마든지 있는 것이다. 그래서 내가 고시원은 '장사'라는 표현을 거듭 강조하는 것이다.

예비 원장님들은 보통 인터넷에 떠도는 수익률 엑셀표를 돌려서 나에게 보여주며 고시원 사업의 성공 여부를 물어온다. 만실, 90%, 80%일 때의 수익률 등을 말이다. 그러다가 수익률 70% 아래로 떨어지면 마이너스가 되는 것 아니냐는 질문을 던진다. 이때 내 대답은 "70%도 방을 채우지 못하면 어떤 장사를 해도 힘든 사람입니다!"이다. 이 사업은 임대업이 아니다. 고시원은 누가 어떻게 운영하는지에 따라 완전히 달라지는 사업이다. 사업을 시작하는 그 누구도 처음부터 적당히 하리라고 작정하는 사람은 없다. 모두가 간절하고 절실한 마음을 먹고 사업을 시작할 것이다. 그러나 이 간절함을 오랫동안 유지하는 일은 힘들다. 사업에는 연습이 없다. 고시원 창업에도 이런 마인드를 장착하여 단단하게 첫발을 내딛길 바란다.

2단계 매물 파악

매물은 다다익선보다
'매칭'이다

고시원 시장, 매물이 '갑'이다

고시원을 창업하기 위한 1단계 과정인 고시원 시장을 정확히 이해하고 알았다면 그다음부터는 실전 단계에 돌입해야 한다. 실전의 첫 관문은 '매물'을 찾는 것이다.

고시원 창업은 크게 6개 절차를 밟는다. 매물 선점 → 인수 계약 → 소방 점검 → 권리 잔금 및 임대차 계약 → 사업자등록증 발급 → 운영, 마케팅이 그것이다(이에 대한 구체적인 설명은 '고시원킹의 실전 어드바이스 2 고시원 창업 절차 6단계' 참조). 내 6주 강의안에서는 2주 차 2단계로 '매물'에 대해서 집중적으로 해부한다. '매물'은 어떤 사업을 하든 가장 중요한 기반이 되는 것이다. 따라서 매물을 파악하고 매물을 보는 눈을 제대로 갖추어야 그 사업의 시작을 별 무리 없이 진행할 수 있게 된다.

요즘 부동산 중개업소를 찾아가면 중개업 소장님들이 매우 반색하며 친절하게 상담을 해준다는 이야기가 많다. 부동산 경기가 침체 상황이라 그만큼 매물을 찾는 사람이 드물어서 고객이 귀한 대접을 받는다는 것이다. 그러나 고시원 시장에서만큼은 이런 공식이 통하지 않는다. 고시원 매물은 일반 부동산에서는 취급하지 않는다. 고시원 '전문' 부동산들이 따로 있는데 이 시장에서는 매물이 언제나 '갑'이다. 2023년에도 그랬고 2022년에도 마찬가지였다. 이유는 단순하다. 공급 대비 수요가 더 많기에 그렇다. 파는(양도) 사람보다 사는(인수) 사람이 많다는 얘기다.

지금은 예전에 비해 고시원 전문 부동산들이 많이 생겨나 서울에만 서른 곳 정도의 고시원 전문 부동산이 성업 중이다. 이 서른 곳에 연락을 취해 매물이 있는지 물어보라. 바로바로 원하는 물건 정보를 얻기가 쉽지 않다는 것을 알게 될 것이다. 그만큼 고시원 시장은 매물보다 손님이 많고 내가 문의하는 부동산에는 몇 달 전부터 기존 고시원 원장님이 추가 매물을 찾느라 대기하는 중이기에 실제 고객은 훨씬 많다는 것을 알아야 한다. 그러니 전화 한 통으로 내가 몇 억이 있는데 물건을 소개해달라고 이야기한다고 해서 바로 A급 매물 정보가 올 수 있는 시장이 아니라는 것이다.

나에게 맞는 수익 매물 vs 세상에서 가장 특별한 매물

나는 내 수강생들에게 매물을 찾는 가장 중요한 자세는 '나에게 맞는 수익 매물'을 찾는 것이라고 말한다. 사람들이 흔히 하는 착각이, 세상에는 나를 기다리는 특별한 매물이 있을 것이라는 생각이다. 그러나 세상에 특별한 매물은 없다. 나에게 맞는 수익 매물이 있을 뿐.

창업을 준비하는 처음 시작 단계에서는 누구나 싸고 좋은 매물을 원한다. "어떤 매물을 찾으시나요?"라는 질문에 권리금 저렴하고, 방 개수가 많아서 만실 수익률 데이터가 높고, 월 임대료 저렴하며 입지 좋은 역세권에 복도 폭이 1.5미터짜리로 넓은 신(新)소방에 준공한 지 오래되지 않아서 외관이 깔끔하고 건물주까지 착하면 좋을 것 같다고 얘기하는 사람이 실제로 많다.

그 대답을 듣고 내가 묻는다. "가용 금액은 얼마인가요?" 이에 "1억 원 대입니다"라고 한다면 이건 이미 접근부터 어려운 일이 된다.

방이 많다는 건 대지 면적이 크다는 것이고 건물주 입장에서는 임대료를 저렴하게 해줄 이유가 없다는 뜻이다. 역세권도 마찬가지다. 권리금에는 시설+영업 권리금이 녹아져 있을 텐데 장사가 잘되는 곳이라면 낮은 권리금으로 양도할 이유가 없지 않겠는가. 매물을 찾을 때는 이것 한 가지만 명심하자. 이상형을 찾지 말고 나에게 맞는 매물을 찾으라고.

고시원 시장에서 어떤 컨설턴트를 만나고 어떤 부동산 강의를 들어도 이 원칙은 변하지 않는다. 그리고 나만의 기준으로 정한 매물을 내 조건(가용 금액+기준)에 100% 맞출 수 있는 곳은 없다고 확신한다. 오프라인 6주 강의를 신청한 수강생들에게 2주 차 매물 강의를 할 때 나는 이 말을 전한다. 자신이 원하는 기준, 예를 들어 세

가지(입지, 방 크기, 시설) 조건을 모두 맞추어 창업하려면 아주 어려울 것이라고 말이다. 그리고 세 가지 조건 중에 두 가지가 부합하고 남은 한 가지는 자신이 보완할 수 있다고 판단한다면 인수계약까지 가는 것이라고 전한다.

데이터에 속지 않도록 유의하라

고시원을 인수하기 위해서는 두 번의 계약서를 작성하게 된다. 첫 번째는 현재 운영 중인 원장님과 하는 권리 양수·양도 계약서이고 두 번째는 건물 임차에 대한 건물주와의 임대차 계약서가 그것이다. 임대자 계약서는 표준계약서에 따라 작성하고 보증금과 월 임대료를 지정한 날짜에 내면 되기에 크게 어려움은 없을 것이다. 신경을 써서 작성해야 하는 것이 권리 계약서인데 여기에서는 권리금 외 창업을 결정하는 큰 요인 중 하나인 '데이터'를 잘 살펴야 한다. 얼마 투자해서 얼마를 버느냐가 핵심 아니겠는가?

그런데 '데이터'가 우리를 속일 수 있다. 그래서 초보 원장일수록 데이터에 속지 말고 권리 계약을 해야 한다. 나는 수강생들에게 이런 말을 한다. 500만~600만 원에 흔들리지 않던 사람도 월 수익 700만 원이라는 소리에는 눈이 '돌' 수 있다고. 내가 이렇게 강한 표현을 쓰는 이유는 실제로 아직 창업 또는 계약 경험이 없는 초짜 입장에서 월 순수익 700만 원이라는 브리핑을 들으면 누가 먼저 물건을 가져갈까 봐 코칭해줄 강사가 앞에 있는데도 묻지도 않고 계약금으로 돈을 넣으려 하기 때문이다. 계약금을 쏘고 난 뒤에는 도와줄 수 있는 여지가 없다.

브리핑받은 대로 과연 인수만 하면 매달 700만 원씩 수익이 나는 것일까? 이 얘기는 어디서 많이 들어본 말 같지 않은가? 내 귀에는 이 종목만 사면 두 배, 열 배 이상 뛸 것이라고 '약'을 파는 주식방 업자들의 말소리처럼 들린다. 불특정다수인 내게까지 올 정보라면 그게 과연 고급 정보일까? 그래서 권리 계약 전에 매도자가 속일 수 있는 데이터를 잘 파악하고 특약 사항을 반드시 명시해두어야 내 자산을 지킬 수 있다. 이것이 무턱대고 데이터만 믿어서는 안 되는 이유다.

오류가 생길 수 있는 데이터 중 하나가 방 개수다. 브리핑할 때는 분명 30개라고 해놓고 수익률도 30개 만실로 해서 계산해놓았는데, 실제 권리 계약 후 알고 보니 30개 실 중 1실은 사무실로 쓰이고 2개 실은 입실자들의 짐 보관용 방으로 쓰이고 있다면 수익률 계산은 30실이 아닌 27실로 해야 하고 권리금도 그에 적정한 만큼으로 계산해야 한다. 어떤 경우 보관하는 짐을 복도에 빼고 장사하라고 하는 이도 있는데, 이는 소방법 위반이 되기에 절대 안 된다.

또 방의 컨디션에 따라 A방은 45만 원, B방은 내창이라 40만 원 받는데 상황 봐서 1~2만 원 빼서 팔면 만실이 가능하다는 등의 방법을 노하우로 전수해주는 전 원장님도 있는데, 인수하는 당신은 그렇게 데이터 계산을 하지 않기를 바란다. 전 원장님은 한 달을 운영했든 1년을 운영했든 실제 경험이 있는 사람이고 우리는 초보다. 한 번도 방을 팔아본 적이 없음을 명심하라.

방 가격은 내가 팔 수 있는 금액으로 산정해서 계산하자

그렇다면 초보 원장의 경우 방 개수에 따른 데이터를 어떻게 해석해야 할까? 나는 자신의 눈높이에서 계산서를 뽑으라고 조언하고 싶다. 만약 내가 입실자라면 A방은 얼마의 가격이면 입실할 것인지, B방은 얼마의 가격이면 들어올 것인지를 예상하는 것이다. A방은 40만 원, B방은 36만 원이면 가능할 것 같다 싶으면 그 금액을 내가 팔 수 있는 금액으로 다시 산정해서 데이터 계산을 하라. 그리고 운영하며 방이 다 차면 그때 방 가격을 조금씩 인상하며 받아가는 것이 현실적이라고 본다.

한 가지 더, 비슷한 컨디션의 주변 경쟁업체 고시원을 방문해 평균 방 가격이 어느 정도인지 시장조사도 해야 한다. "여기 저렴한 방이 얼마인가요?"라는 질문에는 가장 싸게 할인해서 주는 가격을 듣게 될 것이고, "큰 방은 얼마인가요?"라는 질문에는 가장 비싸게 판매하는 방 가격을 듣게 될 것이다. 고시원의 방 가격은 아파트처럼 공시지가가 없다. 장사가 안 되면 저렴하게 파는 전략을 세우기도 한다. 공실이 1~2실밖에 없는 초보 원장님에게 2만 원만 빼주면 바로 계약하겠다고 흥정을 한다면 아마 거절당할 확률이 높을 것이다. 그러나 공실 10개가 생겼다면? 그때는 3만~4만 원 정도까지도 흥정이 가능해지는 것이 고시원이다. 사람 마음이 그렇다.

나는 새우깡에도 정찰가가 없다고 말한다. 하물며 방을 팔면

(원래 방 가격 35만 원에서 3만 원을 깎아주어도) 32만 원이라는 수입이 생기고 못 팔면 0원이 되는데 왜 흥정이 안 되나? 모든 장사는 잘될 때 최고의 권리금을 받고 파는 것이 순리다. 그러니 현재의 데이터에 흔들리지 말고 내가 운영하며 측정할 데이터를 올릴 다짐과 각오로 장사에 임해야 한다. 그리고 또 하나, 남이 제시하는 데이터에 속지 않는 눈을 사전에 키우는 것도 필수다.

역세권, 시설, 방 크기 세 기준을 모두 만족하는 매물은 없다

앞에서 말했듯 입지(역세권), 시설, 방 크기 세 기준을 모두 만족하는 매물은 없다고 생각하고 출발해야 한다. 만약 인수하려는 고시원의 총금액이 3억 원이라도(3억 원이면 고시원 치고 중~상 정도 금액대에 해당한다) 막상 자세히 들여다보면 내 마음을 충족시키지 못하는 것투성이일 것이다.

운영을 하던 곳이라 버릴 폐기물도 많고 부분부분 낡아서 손대야 할 곳이 많이 보이고, 인테리어를 해야 하는 일도 생긴다. 하다못해 3억 대 물건이 이럴 텐데, 2억 대 또는 1억 대 물건에서 손볼 것이 있는 것은 어찌 보면 당연한지도 모른다. 1억 원이라는 돈은 개인에게는 엄청난 금액이지만 고시원 시장에 들어오면 보증금과 권리금의 총액이어서 이 금액대는 작게 느껴지기도 한다. 게다가 요즘은 권리금이 너무 많이 올랐다. 권리금만 1억~1억 5천만 원인 경우가 많다고 한다(물론 내 경우, 첫 고시원이 코로나가 절정인 시기에서도 권리금만 1억 5,300만 원 주고 인수해서인지 크게 올랐다는 체감을 못 하기는 하지만).

1억 대 물건을 보면 너무 낡고 지저분해서 여기가 과연 사람이 살 수 있는 곳인가 의문이 들 정도고, 2억 대 물건은 역세권이 아니라 투자 대비 공실이 많아 수익이 안 나올 것 같고, 3억 대 올 수리 된 미니룸을 보면 깨끗해서 마음에는 드는데 너무 비싸서 자금 회수 기간이 너무 길 것 같고…… 등 이런저런 이유들로 만족하지 못한다는 이야기를 자주 듣곤 한다. 이해는 한다. 그러나 세 기준 모두 만족시키는 매물은 없다. 어느 정도 기준을 정해서 내가 들어갈 상한선이나 하한선을 정해야 한다. 1억에 200만~300만 원 순수익, 2억 원에 400만~500만 원, 3억 원에 600만~700만 원의 수익을 가져가는데 노동시간이 짧고 업장에 매여 있지 않은 장점 하나만으로 충분히 뛰어들 가치가 있으니까.

똑같은 매물인데도 부동산마다 가격이 다르다면?

고시원 부동산에 연락해서 매물을 보다 보면 똑같은 매물인데 권리금이 다른 경우를 경험하곤 한다. 실제 수강생들 중에도 동일한 물건인데도 불구하고 이런 경우가 있었다. 그것도 같은 부동산으로 담당자만 달랐는데 권리금액이 전혀 달랐다. 이런 일이 벌어진 데에는 여러 이유가 있을 수 있는데, 하나는 원장님이 갑자기 권리금을 올리거나 내렸는데 이 내용이 제대로 전달되지 않았을 경우와, 양도하려는 원장님이 부동산마다 금액을 다르게 내놓은 경우다. 이 외에도 발생 원인이 몇 가지 있는데, 이는 오프라인에서 강의를 듣는 수강생들에게 현장에서 직접 설명하면서 발생할 수 있는 상황과 대처법을 설명하고 있다.

부동산도 물건이다. 엄연히 시장에서 가격이 작동해서 결정되는 것이기에 가격이 유동적일 수 있는 요인과 이유가 많이 발생한다. 그러니 물건을 알아볼 때는 신중하게 여러 곳의 부동산을 크로스 체크하고 결정하는 습관을 갖는 게 가장 중요하다.

고시원킹의 실전 어드바이스 2

고시원 창업 절차 6단계

고시원 창업의 첫걸음은 매물 선점이다. 매물을 결정했다면 현 원장님과 권리양수·양도 계약을 위해 부동산에서 약속을 잡는다(직거래 제외). 정식 계약서 작성 전에는 물건을 잡아두기 위해 가계약금으로 200만~500만 원을 송금할 수도 있다(가계약은 내가 매수할 의사가 있음을 증빙하는 의미다. 가계약금을 받고 나면 원장은 다른 곳에 내놓은 물건을 거두어들일 것이다). 계약일에는 가계약금을 제외한 나머지 10% 금액을 지불하고 계약서를 작성한다. 강의 때 이 설명을 하면 수강생들이 "총금액의 10%인가요? 권리금액의 10%인가요?"라는 질문을 많이 해오는데 나는 가급적이면 총금액의 10%를 지불하라고 조언한다.

이런 경우를 예상해보자. 만약 권리금이 1억이고 보증금이 1억이어서 총금액이 2억일 경우, 내가 권리금의 10%인 1천만 원만 지불하고 계약을 했다. 이때 다른 부동산에서 온 손님이 권리금을 3천만 원 더 주고(권리금을 1억 3천만 원으로 올려서) 계약을 하겠다고 조건을 걸었다. 그러면 원장님의 경우, 내가 낸 계약금 1천만 원의 배액 배상 2천만 원을 물고도 총금액에서 1천만 원을 더 받을 수 있으니 나와의 계약을 파기하려 할 것이다.

흔하지는 않아도 물건이 좋을 때 이런 일이 발생하기도 하므로 나는 계약금액이 큰 방향으로 총금액의 10%를 넣으라고 조언한다. 계약을 한다는 것은 인수 후 창

[고시원 창업 절차 6단계]

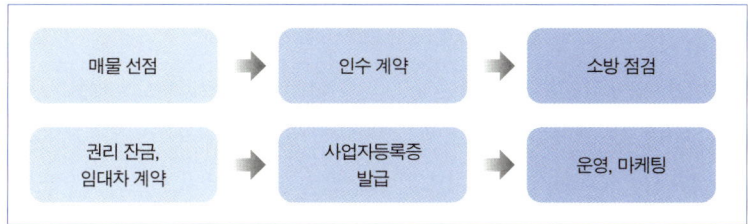

업하려고 진행하는 것이니 선금으로 조금 많이 계약금을 넣는 것이 크게 문제가 되지는 않는다.

인수 계약 다음에는 소방 점검을 받고, 인수 당일에 권리 잔금을 주고 건물주와 임대차 계약서를 작성하면 이 서류를 가지고 관할 세무서에 가서 사업자등록증을 발급받으면 된다. 이후에는 실제 고시원장이 되어 운영하고 관리하고 마케팅하는 등 실무에 뛰어들면 된다.

고시원킹의 실전 어드바이스 3

부동산, 온라인 매물 찾기에서 실패하는 이유

'온라인에 좋은 매물이 있다 없다?'를 먼저 묻고 싶다. 고시원 부동산은 매물이 자산이라고 했다. 그러니 정보가 홍수인 시대에도 고시원 매물의 정보만큼은 예외라고 볼 수 있다. 온라인 검색만으로는 상세한 정보를 알기가 어렵고, 좋은 매물 역시 온라인에 등록할 이유가 없다. 이유는 좋은 매물은 주변 지인 원장님이나 그 자리에서 바로 판단하여 계약할 예비 원장들이 많기 때문이다. 가장 좋은 매물은 어디에 있는 것일까? 전문 부동산 경력자분들의 머릿속에 있다고 나는 판단한다.

고시원킹의 실전 어드바이스 4

임장 때는 속일 수 없는 것을 확인하라

임장할 때 우리는 묻는다. "왜 내놓으시는 거예요?" 사연 없이 나오는 매물은 없지 않은가. 전세를 준 아파트에서 역전세가 나서 급전이 필요하다, 남편이 해외로 발령이 나서 빨리 처분해야 한다, 운영하는 원장님이 몸이 안 좋아서 팔아야 한다 등등.

사실을 얘기하지 않는 한 정확한 이유를 알 수 없는 일이다. 한 가지 확실히 확인할 수 있는 건 있다. 바로 운영한 지 얼마나 된 물건인가 하는 것이다. 사업자등록증 발급일에 나와 있기 때문이다. 운영을 오래 했다면 그만큼 장사가 되어서 운영했다고 볼 수 있고, 1년 정도 운영한 원장님이어도 봄, 여름, 가을, 겨울 사계절을 지나봤기 때문에 인수인계할 때 설명을 들을 수 있는 유용한 정보가 많을 것이다.

그러나 운영한 기간이 석 달 정도밖에 안 된 경우라면 운영하지 않은 시기, 즉 여름 공과금이나 겨울 공과금의 액수를 모를 것이고, 냉방기나 난방기 같은 기계도 작동해보지 않았으니 여기서 발생하는 사건 들을 알 수 없을 것이다. 그러니 운영 시기에 따라 내가 직접 겪어야 할 일들을 리스트업해 놓고 해당 시기에 직접 경험할 각오를 해야 한다.

고시원킹의 실전 어드바이스 5

고시원 매물을 찾는 고객이 100명이라면 그중엔 반드시 허수가 있다

고시원 매물을 찾는 고객들의 숫자에는 허수가 있다. 시장의 구조를 넓게 이해해보면 이렇다. 열 곳의 부동산이 있다고 생각하고 창업을 고민 중인 예비 창업자가 10명 있다고 가정해보자. 만약 A라는 사람이 첫 번째 부동산에 연락을 했다가 물건이 지금 없으니 기다리라는 답변을 얻었다면 그는 첫 번째 부동산에서 전화가 올 때까지 마냥 기다리고만 있을까? 아마 두 번째 부동산부터 열 번째 부동산까지 전 부동산에 모두 전화를 걸어 매물을 상담하게 될 것이다. 결국 시장에는 한 명의 손님이 10명으로, 10명의 손님이 100명의 손님으로 둔갑하여 기록되게 된다. 그래서 부동산에서는 물건은 더 없는데 손님은 많다는 얘기가 확대되며, 고객의 허수가 생기게 된다.

그러나 이 중 실제로 창업까지 갈 수 있는 '찐' 예비 창업자는 몇 명이나 될까? 아까 그 한 명이 어찌어찌 해서 인수 계약까지 체결할 확률을 50%라고만 쳐도, 고시원 시장의 고객은 0.5명, 그런데 왜곡된 고객 숫자는 10으로 남게 된다. 따라서 고시원 공급은 없고 수요만 넘친다고 누군가 이야기한다면(특히 부동산에서) 이를 감안해서 판단하고 새겨 들어야 한다.

[고시원킹의 스페셜 케어 1] 부동산 매칭의 하이패스 '전속부동산 연결 시스템'을 가동한다

나는 고시원 6주 강의를 신청한 수강생들에게 전속부동산 연결 시스템을 가동한다. 고시원 시장의 매물을 알아보는 수요는 많지만, 이런 수요에 효과적으로 대응하는 부동산을 일반인들이 찾기란 매우 어렵기 때문이다.

내가 이 시스템을 가동한다고 설명하면 수강생들은 "전속부동산 시스템이 뭡니까?"라고 묻는다. 이에 대한 답변으로 나는 "고시원의 매물을 매수자의 상황과 매칭하기 위해서 하이패스를 태우는 일입니다"라고 말한다.

고시원 중개수수료는 대개 500만 원 선으로 정해져 있다. 무권리 매물이거나 권리금액을 나에게 유리하게 깎아주었을 때는 부동산에서 수수료를 좀 더 요청하거나 손님이 나서서 더 주는 경우도 물론 있다. 어디까지나 고객과 부동산의 관계에 따른다.

내가 가동하는 전속부동산 연결 시스템은 이렇다. 대개 양수자가 내야 할 중개수수료 500만 원 중 100만 원을 먼저 전속부동산에 입금한다. 부동산과 만나서 설명을 듣고 전속 계약서를 작성한다. 그러면 이때부터 전속부동산의 '1등 손님'이 되는 신뢰 관계를 맺게 된다. 그 뒤부터 전속부동산은 전속계약을 맺은 예비 창업자 고객을 위해 물건을 찾고, 정보를 공유하며, 일주일에 한 번 의무적으로 만나 준비한 매물을 같이 동행 답사하게 된다. 현장 물건에 대한 장점과 보완점 등을 브리핑하는 전문가이자 코칭자, 매물 소개자를 곁에 두게 되는 것이다.

내가 이 전속부동산 연결 시스템을 하는 이유는 하나다. 나 역시 현 원장의 입장이며 컨설팅 일과 강의를 하고 있지만, 매물 보는 눈은 10년 이상의 부동산 경력자분들이 전문가임을 알기 때문이다. 나도 나름대로 매물 보는 안목이 있다고 자부하지만, 그분들의 전문성을 활용하는 일은 반드시 필요하다. 게다가 중개 이후 사후 관리까지 케어해야 하는 입장에서, 그것도 전속계약을 통한다면 고객에게 아무 물건이나 소개할 수 없는 것은 당연하고, 계약사항 특약까지 모두 꼼꼼하게 살피는 일은 당연해지지 않겠는가. 전속부동산은 나중에 물건을 되팔 때 최소한 원가에는 팔 수 있다는 자신감도 보장해줄 것이다. 그 정도는 되어야 '전속'이라는 안내가 합당할 것이다. 그러니 부동산 입장에서도 손해 보는 일이 없도록 처음부터 동행하고 철저하게 체크하고 관리하게 된다. 입장을 바꿔 전화 한 통으로 매물을 물어보는 손님과 전속부동산을 통해 전속계약을 맺은 손님이 있다면 누구에게 좋은 매물을 안내해줄 것인지는 답이 정해져 있을 것이다.

가끔 이런 질문도 받는다. 전속계약을 하면 해당 부동산에서만 물건을 받고 다른 부동산 물건은 보지 못하는 것 아니냐고 말이다. 그러나 그런 걱정은 불필요하다. 전속부동산 사장님들은 고시원 시장에서 중개 경력이 10년이 넘는 프로들이다. 시장에 나와 있는 매물은 90% 이상 알고 있을 것이다. 나머지 10%는 특정 부동산의 중개를 받고 계약한 원장이 또다시 해당 부동산에만 매물을 내놓았을 경우에 해당한다. 중개사도 시간이 돈인데 시장에 흔하디흔한 물건, 수익이 안 되는 물건을 보기 위해 굳이 시간을 내서 만나고 하지는 않는다는 사실을 분명히 알아야 한다.

요즘에는 물건이 귀해졌기에, 내 손님을 위해서라면 중개비를 서로 나누더라도 타 부동산과 협력하여 정보를 공유하고 같이 물건을 찾는다. 앞에서 설명했듯이 가장 좋은 매물, 괜찮은 매물은 숱한 온라인 사이트에 떠도는 게 아니라 중개사의 머릿속에 있다는 것을 잊지 말자.

고시원은 물건이 갑인 시장이지만, 결국 물건을 소개하는 건 중개사다. 이미 신뢰로 시작한 관계는 단단한 결실을 맺는 첫 단추가 되어줄 것임을 나는 확신한다. 나는 2023년에만 총 108명의 수강생을 교육했고, 그중 86명이 6주 안에 인수계약서를 작성해 현재 활발히 고시원을 운영하고 있다. 86명 가운데 전속부동산 연결 시스템을 통해 원장님이 된 분들은 무려 70명이 넘는다.

[고시원킹의 스페셜 케어 2] 매물 찾기 전 나는 어떤 유형의 창업 준비자인가를 판별해드린다

고시원 창업을 결심하고 매물을 찾기로 했다면, 먼저 내가 현재 창업을 하기 위해 어떤 단계에 있는지를 알아볼 필요가 있다. 나는 이를 네 가지 유형으로 분류한다.

1번 유형은 '관심' 단계다. 고시원의 수익률이 좋다던데, 오토 운영이 가능하다던데, 최고의 사업이라던데 하는 식으로 사업의 장점을 알게 되면서 포털사이트에 고시원을 검색하고 유튜브 영상 시청, 책을 통한 공부를 시작하는 유형이 이 단계다.

2번 유형은 '답사' 단계다. 이 유형의 사람들에게 나는 고시원 부동산 서른 곳에 전화해보라고 가르친다. 이유는 시장 돌아가는 상황을 빠르게 깨닫게 하기 위해서인데, 서른 곳에 전화해서 가용 금액과 희망 지역, 원하는 바를 전달하면 그중 채 절반도 전화 응답이 돌아오지 않는 경험을 할 거라고 강조해서 전한다. 그중 일부 연락이 오는 곳으로부터는 문자로 물건을 받아보기도 한다. 그런데 이렇게 오는 물건 치고 좋은 물건은 없다. 대면한 적도 없는데 나에게 매물 정보를 문자로 보내주었다? 좋은 매물일 리가 없기 때문이다. 고시원 부동산은 매물이 자산이라고 앞에서 얘기했다. 그런데 연락이 온 상대가 타 경쟁 부동산에 새로 온 실장인지, 매물 정보만 빼려는 사람인지 확인도 안 되는 상태에서 문자로 고급 정보를 준다? 그 문자 정보가 좋을 것이라고 생각한다면 대단한 착각일 것이다.

보통 부동산들은 현장에서 고객을 만난 후 안내를 하거나, 고객이 부동산 업체에 방문 일정을 잡아놓으면 상담을 진행한다. 어떤 방식이든 공인중개사 또는 중개보조원 담당자와 현장을 임장하거나, 매물을 직접 볼 수 있도록 빈방 호실을 안내해준다거나, 손님인 척 가서 보고 오라는 정보를 전해준다. 즉, 문자 안내는 영양가가 없다고 생각하는 것이 좋다. 자! 그럼 매물을 봤다고 해보자. 좋은 매물인지 아닌지 초보자가 알 수 있을까? 어렵다고 본다. 누구나 새로운 도전을 할 때 가장 걱정되는 것이 장사가 잘될까? 혹여나 망하면 어떡하지? 두려움이 먼저 올라올 것이다. 그렇게 고민이 꼬리에 꼬리를 물게 되며 판단하는 데 어려움을 겪게 된다. 2번 유형은, 판단의 오리무중에 빠져 있는 단계다.

3번 유형은 매물을 열 곳, 스무 곳, 서른 곳 이상 보는 바람에 결정이 더 어려워진 단계에 들어선 이들이다. 설사 머리에 들어왔던 매물이 있었다 하더라도 결정을 하지 못했거나, 고민을 하는 중 다른 사람이 먼저 계약금을 넣어 진행할 수 없는 일을 겪었을 수도 있고, 권리금이 조금만 더 내려오기를 기다리는 중이거나 조금만 더 다른 물건을 보러 다니다가 20~30개 매물을 보게 된 유형이다. 그 결과 이들 머릿속엔 '볼수록 어렵다'가 남아 있을 것이다.

이 유형들은 가용 금액이 1억 대였는데 2억 대 매물의 컨디션을 찾고 다닌 건 아닌지, 이상형 매물만 찾으러 다닌 건 아닌지 한번 생각해봐야 한다. 중개사 입장에서는 계약될 가능성이 높은 물건부터 먼저 소개하지 가능성이 낮은 것을 먼저 소개하지는 않는다. 그들도 계약을 성사시켜야 중개 수수료를 받는 업 아니던가. 그러니 뒤로 갈수록 계약 가능성이 떨어지는 것은 당연하다.

4번 유형은 권리 양수·양도 계약에 들어선 이들이다. 나에게 맞는 매물을 찾아 현금흐름을 만들기 위해 용기 내어 권리 계약을 작성하는 시기가 이 단계다. 4번 유형의 머릿속에는 첫 번째도 매물, 두 번째도 매물, 세 번째도 매물 같은 것은 이제 떠오르지 않는다. 계약 단계가 지나 소방 점검을 받고, 이제 인테리어를 어떻게 할지, 운영과 온라인 마케팅을 잘해서 만실을 채우고 유지하겠다는 계획과 각오만이 머릿속에 계속 떠오를 것이다.

나는 내게 강의를 들으러 오는 수강생들을 상대로 이 유형을 판별해드린다. 강의에 오시는 분들 가운데 가장 많은 유형은 당연히 1번 유형이다. 그러나 의외로 3번 유형의 수강생도 많다. 이들은 매물을 보러 다니다가 지쳐 혼자 판단하기엔 이미 돌아올 수 없는 강을 건넜기에 내 컨설팅과 코칭 혹은 멘토를 원한다. 이분들은 3단계인 매물 탐방을 많이 해봤기에, 동료 수강생들에게 경험담을 많이 들려주기도 한다. 그래서 강의 시간에 좀 더 활발한 피드백과 상호작용이 이루어진다.

고시원 창업을 하기 위해서 어느 유형이 유리하다고 말하려는 것은 아니다. 다만 내가 현재 어느 단계의 유형을 밟고 있는지를 알고 나면 그만큼 준비 과정이 덜 힘들 것이며, 앞으로 차곡차곡 해야 할 일의 프로세스도 알게 되어 훨씬 마음의 안정을 찾을 수 있게 될 것이다.

[현재 나는 창업을 하기 위해 어느 단계에 있는가?]

| 고시원 공부 스터디, 강의 | 매물 답사 부동산 연락 | 인수 판단 계약 진행 | 소방 신청 이수증 발급 | 시설 인테리어 준비 | 권리 잔금 임대차 계약 | 운영 온라인 마케팅 | 시설 보수 민원, 경험 |

1번 유형　　2번 유형　　3번 유형　　4번 유형

`3단계 계약`

하나만 어긋나도
낭패를 부른다

계약 확인은 꼼꼼할수록 좋다

매물 찾는 단계가 끝나고 드디어 자신에게 맞는 물건을 찾았다면, 그다음 단계는 계약을 하는 일이다. 계약은 지금까지 말로 전달되던 의사를 법적인 계약의 양식으로 확인하는 절차이기에 매우 신중하고 또 꼼꼼하게 체크하는 일이 필수다.

계약 테이블에서 가장 먼저 확인해야 하는 사항은 양도인의 사업자등록증(상호, 사업자등록증 명의자 이름), 소방시설 등 완비증명서, 신분증이다. 그다음으로 토지이용계획확인원, 재개발(재정비구역 등) 확인, 부동산 등기부등본에서 건물 근저당 관련 내용을 살피는 것 역시 계약 당일 확인해야 하는 사항이니 참고하도록 하자.

권리 양수·양도 계약서를 작성하면서 양수인(매수자)이 반드시 확인해야 할 사항은 총 권리금액과 계약 금액이 정확한지 체크하고 잔금(총 권리금액+건물 보증금)의 총액이 맞는지를 꼼꼼하게 확인하는 일이다. 이는 권리 양수·양도 계약서 3번 항목 '양도·양수할 대상 물건의 임대차 계약 내용'에 기입된다. 이때 건물 보증금과 월 임대료 그리고 임대료에 부가세 금액이 포함된 것인지 미포함인지의 유무도 확인이 필요하다. 또 건물의 관리비도 이곳에 기재되어야 한다(관리비가 없는 경우도 있고 분양상가이거나 임대하여 사용할 건물의 정액 관리비가 있다면 관리비 금액 역시 제대로 기재했는지 확인해야 한다).

1번 항목인 '부동산의 표시'에서 소재지의 면적 확인은 소방완비증이나 등기부등본 및 건축물대장에 기재된 면적과 비교 확인하며, 기재된 면적이 다르지 않은지 체크하길 바란다. 만약 이 서류상 기재된 면적이 서로 다를 경우 위반사항이 있음을 고려해야 한다(간혹 건축물대장이나 소방시설 등 완비증명서의 실면적의 차이로 약간은 상이할 수 있으니 양도자에게 이 부분을 꼼꼼하게 물어보는 것도 권리 계약 시 체크해야 할 부분이다).

권리 양수·양도 계약서는 권리에 대한 양도·양수 계약이므로 특약 내용의 잔금일자, 소방 점검, 입실 요금 정산, 임대차 조건, 잔금 시 공실, 누수, 인터넷 및 정수기, CCTV 렌탈 서비스 승계 등은 상호 간에 협의하고 조율하여 계약을 하도록 하자.

권리 양수 · 양도 계약서

본 부동산 권리에 대하여 양도인과 양수인은 다음과 같이 합의하고 부동산 권리 양수·도계약을 체결한다.

1. 부동산의 표시

소재지				
상 호		면 적		㎡
업 종		허가(신고)번호		

2. 계약내용

제 1 조 [목적] 위 부동산에 대하여 권리양도인과 양수인은 합의에 의하여 다음과 같이 권리양수도 계약을 체결한다.

총권리금	金	원정(₩)
계약금	金	원정은 계약시에 지불하고 영수함. (인)
중도금	金	원정은 년 월 일에 지불하며,
	金	원정은 년 월 일에 지불하며,
잔 금	金	원정은 2024년 월 일에 지불한다.

제 2 조 [권리의 양도] 양도인은 위 부동산을 권리 행사를 할 수 있는 상태로 하여 임대차계약 개시 전일까지 양수인에게 인도하며, 양도인은 임차권의 행사를 방해하는 제반사항을 제거하고, 잔금수령과 동시에 양수인이 즉시 영업 할 수 있도록 모든 시설 및 영업권을 포함 인도하여 주어야 한다. 다만, 약정을 달리한 경우에는 그러하지 아니하다.

제 3 조 [수익 및 조세의 귀속] 위 부동산에 관하여 발생한 수익의 귀속과 조세공과금 등의 부담은 위 부동산의 인도일을 기준으로 하여 그 이전까지는 양도인에게 그 이후의 것은 양수인에게 각각 귀속한다. 단, 지방세의 납부의무 및 납부책임은 지방세법의 규정에 따른다.

제 4 조 [계약의 해제] ① 양수인이 중도금(중도금약정이 없을 때는 잔금)을 지불하기 전까지 양도인은 계약금의 배액을 배상하고, 양수인은 계약금을 포기하고 본 계약을 해제할 수 있다.

② 양도인 또는 양수인이 본 계약상의 내용에 대하여 불이행이 있을 경우 그 상대방은 불이행한 자에 대하여 서면으로 최고하고 계약을 해제할 수 있다. 그리고 그 계약당사자는 계약해제에 따른 위약금을 각각 상대방에게 청구할 수 있으며, 계약금을 위약금의 기준으로 본다.

③ 양도인은 잔금지급일 전까지 소유자와 아래의 '**임대차 계약내용**'(현임대차 계약조건)으로 소유자와 양수인간에 임대차계약이 체결되도록 최대한 노력하되 보증금 및 월세 인상시 특약사항 내용으로 한다. 양도인이 권리계약후 임대차계약전 권리계약파기를 목적으로 임대차계약이 원만히 체결되도록 노력하지 않을 경우 양도인의 책임으로 간주하며, 계약금의 배액을 양수인에게 배상하고, 양수인이 계약 불이행을 목적으로 임대인에게 임대차계약변경 및 통상적 임대차계약이 아닌 무리한 요구로 임대차계약이 이뤄지지 않을 경우, 양수인의 책임으로 간주하고 계약금은 반환하지 않는다. 단 임대인이 임대차계약 잔여기간승계 및 신규계약을 원치 않을 경우 본계약을 무효로 하고 계약금은 즉시 양수인에게 반환한다.

제 5 조 [중개수수료, 컨설팅비용] 중개업자는 계약 당사자간 채무불이행에 대해서 책임을 지지 않는다. 또한, 중개수수료는 양도인과, 양수인이 보증금+(월세X100)합금액의 (0.9)%를, 시설영업권리금의 컨설팅비용은 중개업자와 별도협의약정하여 본 계약의 체결과 동시에 지불하기로 한다. 중개자의 고의나 과실없이 계약당사자간의 사정으로 본 계약이 해제되어도 중개수수료, 컨설팅비용은 지급한다.

단, 양도인은 부동산 중개인에게 인정한 중개수수료, 컨설팅비용은 어떠한 상황에서든 임대차(건물주)계약 만료 후 만·형사상 이외제기하지 않기로 약속한다.

3. 양도·양수할 대상 물건의 임대차 계약내용

| 임대차보증금 | 金 | 만원(₩) | 임 차 료 | 月 |

특약사항:

본 계약을 증명하기 위하여 계약당사자가 이의 없음을 확인하고 각자 서명·날인한다. 2024년 월 일

양 도 인	주 소				印
	주민등록번호		전화	성명	
양 수 인	주 소				印
	주민등록번호		전화	성명	
중개업자 (컨설팅업자)	사무소소재지				印
	등록번호		사무소명칭		
	전화번호		대표자성명		
	사무소소재지				印
	등록번호		사무소명칭		
	전화번호		대표자성명		

KAR 한국공인중개사협회

필수로 들어가야 할 특약 사항 네 가지

양수·양도 계약(권리 계약) 때 반드시 기재가 되어야 하는 필수 특약 사항은 다음의 네 가지다.

1) 안전시설 등 완비증명서(소방필증) 특약

고시원 운영 시 소방시설 등 완비증명서가 없다는 것은 곧 영업 신고증이 없이 장사를 하는 것과 마찬가지다. 따라서 이 증명서가 발급되지 않는 경우라면 계약은 무효로 하고 계약 시 입금한 10% 계약금은 다시 돌려받는다는 특약을 반드시 넣는다.

2) 누수 특약

건물은 물과의 싸움이라는 말이 있다. 그만큼 누수 특약은 매우 중요하므로 인수 후 한 달 동안 누수의 문제가 생긴다면 양도한 원장님이 해결해주겠다는 특약을 넣는다(누수 특약 기간은 양수 쪽은 길수록 좋고, 양도 쪽은 짧을수록 좋다. 통상적으로는 한 달이 기본이다). 만약 인수 전에 누수가 생겼고 양도인이 임시방편으로 누수 처리를 해두었다면 그 기간을 감안해서 특약 기간을 조정하는 게 좋다. 장마철에 인수할 경우에는 장마 기간을 염두에 두고 서로 협의하는 일도 필요하다.

3) '임대차 조건 변경 시 계약은 무효로 한다 & 양수인이 결정한다' 특약

고시원을 인수할 때는 권리 양수·양도 계약과 건물주와의 임대차 계약 두 가지가 필요하다.

이 특약은 인수 당시 확인한 건물의 보증금과 월 임대료(관리비) 등에서 변경 사항이 있을 경우 계약을 무효로 하거나 계약 해지 여부를 양수인이 결정하도록 하는 특약이다. 코로나 이후에는 이 특약으로 계약이 무효가 되는 경우가 종종 있었다. 코로나 시기 임대료를 올리지 않던 건물주가 새로운 임차인이 오자 기존 월세를 높이거나 보증금을 올리는 바람에 총 투자금 대비 수익률이 떨어지고 부담해야 하는 총액도 올라갔기 때문이다.

시장 상황에 따라서는 기존 월세에서 5% 정도의 인상분은 인수자들이 받아들이는 경우가 많다. 그러나 계약서에 이 특약을 넣는 것은 반드시 필요하다.

4) 공실 특약

공실 특약이란 권리 양수·양도 계약 때 공실이 몇 실인지 파악하고 평균 입실료는 얼마이고 공과금, 임대료(관리비 등)를 제외한 해당 월과 전월(3개월 정도)의 매월 순수익이 얼마인지를 확인하여 이 내용을 특약에 기록하는 것이다.

만약 현재 권리 계약 당시 공실이 2개라고 해보자. 내가 인수하는 날짜가 4주 이후라고 한다면, 잔금일까지 한 주에 한 명, 4명까지 방이 빠질 수 있다고 보기 때문에(고시원은 한 달 살고 퇴실하는 경우가 빈번하므로) 기존 '2실+4실=6실'의 공실까지는 인정하고 7개 실이 공실인 경우 1개 실에 대한 월평균 방 가격을 양수인에게 지불

특 약 사 항

-. 본 계약은 권리 양수, 양도 계약서이며, 잔금 시 또는 잔금 전 임대차 계약을 한다.
-. 양수인은 (   ) 시설, 현장 답사 후 계약함.
-. 권리금에 대한 부가세는 없으며, 세금계산서는 발행하지 않는다.
-. 현 시설 상태의 계약으로 양도인은 계약 후 영업에 필요한 집기 비품을 일체 반출할 수 없으며 잔금 시까지 정상 작동될 수 있도록 유지해야 한다.
-. 각종 공과금은 사용한 만큼 양도인이 잔금일에 정산하기로 한다.
-. 양수인은 양수 물건에 대한 공부상 설명을 충분히 들었으며 임대차 계약서, 소방완비증, 현 입실 현황, 공과금 내역(관리비, 전기,가스, 인터넷 등), 등기부등본, 건축물관리대장, 토지이용계획확인원 등 공부를 확인 후 계약 체결함.
-. 입실료는 잔금일 기준으로 잔금 전일까지 양도인 것이며, 잔금일부터는 양수인이 갖는다. 날짜는 정산하지 않으며, 입실자 보증금(예약금)과 1개월 초과해서 선납한 입실료는 양수인에게 반환한다. 미납 입실자는 양수인에게 전가하지 않는다.
-. 잔금일 이후 발생하는 시설배관 누수는 잔금일부터 1개월간 양도인이 책임진다.
-. 임대보증금 및 임대료는 본 계약서 조건으로 하며, 만일 인상 시 양수인이 본 권리 계약 해제를 결정할 수 있다. 임대차 계약 조건 인상으로 인한 권리 계약 해제나 소방완비증 명의변경 불가 또는 임대차 계약이 성사되지 않을 시 본 권리 계약은 무효로 하며, 양도인은 계약금을 즉시 반환하고 상호 손해배상을 청구하지 않는다.
-. 양도인은 잔금일 전 양수인이 소방완비증 명의 변경에 필요한 점검을 미리 해주기로 한다.(수정사항 비용 발생 시 양도인이 부담하고 잔금 진행한다.)
-. 잔금일은 소방점검 또는 건물주 일정에 맞추어 앞, 뒤 유동이 있을 수 있다.
-. 케이블, 인터넷, 전화, 정수기, CCTV 등 각종 명의 변경에 필요한 것은 양수인이 승계한다.
-. 잔금 시 공실이 (   )개 이상일 경우 방 공실 (   )개부터 1개당 만 원씩 양도인이 양수인에게 지급하기로 한다.

2024.   .   .

한다는 공실 특약을 작성하는 것이다.

이 외에 에어컨, 보일러 시설 한 달 이내 고장 시 A/S 처리를 해준다는 특약도 넣으면 좋다. 단 이 특약은 통상적이지 않으니 상호 협의를 거쳐야 한다.

인수 계약 후 진행 절차는 이렇게

인수 계약서를 작성하고 나면 고시원 해당 관할 소방서에 소방점검을 신청해야 한다. 단 소방 점검 신청 전에 필요한 서류가 있는데 바로 '소방안전교육 이수증'이다. 이수 교육은 온라인으로 가능하며, 절차는 다음과 같다.

한국소방안전원 검색하여 접속 → 다중이용업 교육 → 신규교육 신청 → 다중이용업 소방안전교육(신규) 수강신청 [무료]

온라인으로 이수 교육까지 마쳤다면 권리 양수·양도 계약서, 소방안전교육 이수증, 본인 신분증(대리인 위임장)을 가지고 계약한 고시원 해당 지역 관할 소방서를 방문하면 되는데, 나는 수강생들에게 관공서를 방문하기 전에는 반드시 전화 연락을 먼저 해보는 습관을 들이라고 강조한다. 전에는 권리 계약서만으로도 소방 점검을 받아주는 경우가 많았으나 지금은 관할 소방서마다 다를 수 있다. 그 이유는 소방관이 소방필증을 내주고 난 후 임대인의 보증금이나 월세 변동 등의 경우로 계약이 무효가 되어 소방관들이 점검을 나왔다가 시간을 낭비하게 되는 경우가 많아졌기 때문이다. 그러니 관할 소방서마다 필요한 서류를 첨부해서 두 번 걸음을 하지 않도록 방문하는 일이 필요하다.

소방서로부터 권리 계약서가 아니라 임대차 계약서를 가져와야 한다고 전달받았다면 건물주를 먼저 만나서 임대차 계약서를 작성한다. 이때는 '안전시설 등 완비증명서(소방필증) 특약' 조항을 기재하고 계약 당일 보증금의 10%를, 잔금은 인수 예정일에 지불하면 된다.

이렇게 모든 준비가 끝나고 나면 임대차 계약시, 소방안진교육 이수증, 신분증을 준비하여 고시원 관할 소방서를 방문(안전센터가 아니다)하면 되는데, 이때 소방서에서 다중이용업소 화재배상책

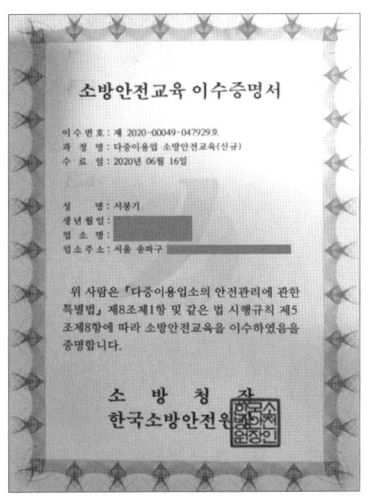
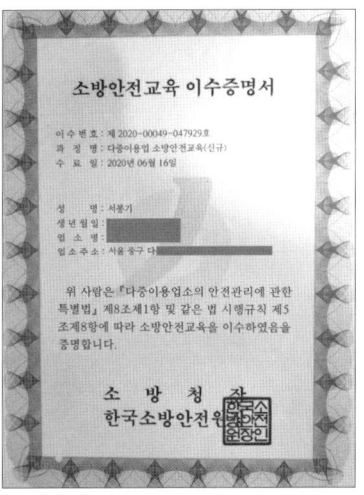

임 보험(화재배상책임보험은 1년 금액을 지불하는 것이다. 건물의 당구장, 유흥주점, 건물 평수와 위험요인에 따라 비용 인상 차이가 있다. 대략 10만~20만 원대 미만으로 금액이 산정될 것으로 본다)에 가입한 후 MU번호를 알려달라고 할 수도 있다. 그러면 보험에 가입하고 MU번호를 전달하면 된다.

위반이 있더라도 감안하는 케이스가 있다

고시원 매물을 체크하다 보면 여러 가지 사항을 마주하게 될 수 있다. 안전시설 등 완비증명서(소방필증)와 실제 방 개수가 다른 경우, 위반건축물, 이행강제금이 있는 경우, 재정비촉진지구(재개발 예정지), 다운계약서 등이 이에 해당한다. 위반건축물은 건축물대장 오른쪽 상단에 위반건축물 표시가 찍혀 나온다. 위반건축물이 찍혀 있다고 하더라도 내가 운영하는 층에 위반이 없다면 문제가 없으니 확인만 철저히 하면 된다.

재정비촉진지구(재개발 예정지)는 2년 전 내가 컨설팅을 한 동작구 노량진을 사례로 설명하려 한다. 당시 예비 창업자는 처음에는 노량진 지역만 아니면 괜찮다고 하다가 다른 곳 권리금이 부담스러워 결국 노량진을 선택하게 되었다. 대부분이 미니룸으로 이루어져 있는 52실 물건이었으나 미니룸 치고 사이즈도 괜찮고 창도 크며 개별 에어컨이 있는 장점이 있었다. 보증금이 7천만 원으로 당시 총금액이 2억이 조금 안 되었다. 여러 매물을 보다가 투자 대비 회수 기간, 시설 컨디션, 수익구조, 집과의 거리 등을 고려해 자신에게 맞는 매물로 선택했고 선택 시 이미 재정비촉진지구로 지정된 것도 알고 있었다. 당시 인수 예정자는 1층 부동산에 확인해서 건물을 매매하는 것처럼 알아보며 재개발 속도가 어느 정도 나는지, 고시원을 운영할 경우 몇 년이 가능한지를 계산하면서 어느 기간까지 운영하고 퇴거할 때는 보증금을 받고 나오겠다는 전략을 세웠다.

지금 그 노량진 고시원 원장님은 월 순수익을 얼마나 가지고 갈까? 600만 원이 넘는다. 만족하며 최선을 다해서 운영 중이다. 본인 선택에 후회 없이 창업을 하며 수익도 내고 있는 것이다.

또 다른 사례는 서울 금천구의 올원룸형 고시원이다. 방 사이즈도 크고 운영하기도 나쁘지 않은 매물이었다. 당시 계약까지 진행했으나 2개 실의 소방필증이 나오지 않아서 계약이 파기되었다. 이후 이런 부분을 다 받아들인 사람이 계약을 한 것으로 안다. 그럼 계약을 파기한 당사자는 어떨까? 내가 알기로는 1년이 다 되어 가는데 아직 고시원 창업을 하지 못한 것으로 알고 있다.

위반이 있는 사항들을 인정하고 인수를 하라는 것이 절대 아니다. 물건을 보다 보면 생각지 못한 부분이 생길 수 있기 때문에 이를 고려해야 하는 것은 맞다. 그러나 더 큰 장점이 있지는 않은지 따져보고 비교해볼 필요는 있다. 어디까지나 사업가의 시각으로 접근해서 이해득실을 따지는 일이 필요하다.

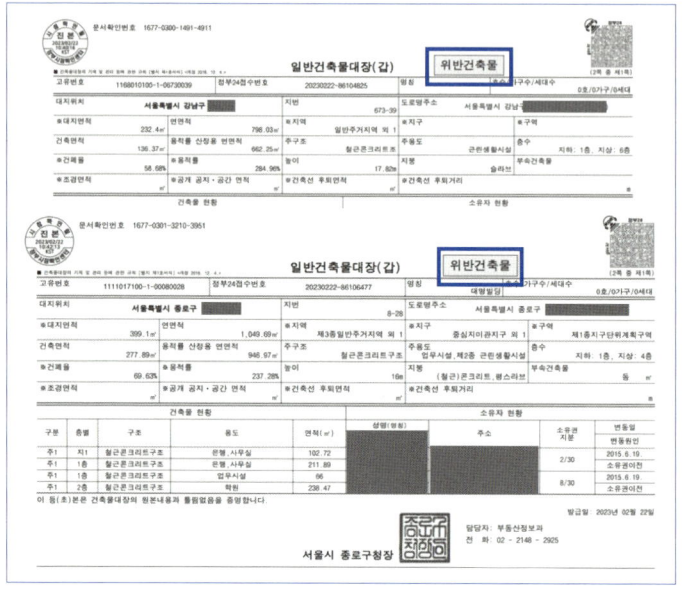

건축물 용도는 2009년 이후
신소방법 적용 여부를 확인하자

2009년 이전까지 고시원 신설은 건축물대장상 용도에 상관없이 모두 가능했다. 고시원으로 사용하면서도 표시 변경이나 용도 변경 없이 제2종 근린생활시설인 의원, 사무실, 기원, 당구장 등으로 표시된 채로 운영하는 곳을 쉽게 찾아볼 수 있다. 그런데 2009년 7월 신소방법이 적용되면서 복도 폭 1.5미터, ALC 벽돌, 외창 비율, 자제 등의 규정이 생겼다.

예전에는 고시원 안전시설 등 완비증명서(소방필증) 없이 방염 필증만 있으면 운영이 가능한 때도 있었다. 그러나 2024년인 지금은 전혀 다르다.

　간혹 컨설팅을 하다 보면 2009년도 신소방법 기준을 잘 모르고 있거나 고시원으로 용도가 표시되어 있지 않은 경우 무조건 불법이라고 생각하는 분들이 있으나 2009년 7월 이전 고시원은 예외를 둔다[2009년 당시에도 신소방법으로 변경되면서 신고제, 허가제 시범 기간이 있었다. 신고제 당시(과도기) 위반 건축으로 실제 표시가 된 경우도 있었고, 담당 공무원 확인으로 해당 사항을 삭제해 준 경우도 있다(국토교통부 홈페이지를 통해 질의심의 답변을 얻어 확인해보면 세밀한 사항까지 체크할 수 있다)]. 아래 일반건축물대장은 내가 인수했던 첫 번째 매물의 건축물 현황이다. 일반건축물대장에는 사무실, 치과의원 등으로 적혀 있지만 고시원으로 쓰이고 있다.

고시원 용도적용			
담당기관	국토교통부		
카테고리	건축	관련법령	
담당부서	건축정책과		
등록일자	2011.12.27	수정일자	2013.12.10
첨부파일			
질의내용	「다중이용업소의 안전관리에 관한 특별법」에 따라 관할 소방서에 '안전시설등 설치신고'('09.6.5)'를 하고, 이에 대한 '완비증명서를 발급('09.8.10)'받아 고시원으로 사용하고자 하는 경우 '09.7.16 개정된 「건축법 시행령」에 따른 용도를 적용하여야 하는지.		
회신내용	건축법상 '고시원'의 용도분류와 관련하여 「건축법 시행령」개정일('09.7.16) 이전에 「다중이용업소의 안전관리에 관한 특별법」에 따라 '안전시설등 완비증명'을 받아 고시원으로 사용 중인 건축물에 대하여는 기존 건축물의 용도를 변경하지 아니하고 종전의 시설 그대로 사용할 수 있을 것이나, 「건축법 시행령」개정일 이후에 '안전시설등 완비증명'을 받아 고시원으로 사용하는 경우에는 「건축법 시행령」별표1의 제2종근린생활시설이나 숙박시설로 분류되는 것입니다.		

2009년 7월 이전의 고시원일 경우,
용도 변경 없이도 그대로 종전의 시설을 이용할 수 있다는 회신 내용

고시원 관련			
담당기관	국토교통부		
카테고리	건축	관련법령	
담당부서	건축정책과		
등록일자	2011.12.19	수정일자	2013.12.09
첨부파일			
질의내용	가. 2009.7.16일 고시원 용도 신설 이전, (고시원) 소방완비증명서 발급받은 건축물(건축물대장상 용도는 교육연구시설, 단독주택,공동주택 등)이 현재 용도변경신청하여 용도변경 추인 처리시 이행강제금 부과여부. 나. 2011.9.30일부터 고시원 면적 개정(500㎡이상 숙박시설) 시행되는데, 2009.7.16일 고시원 용도 신설 이전, (고시원) 소방완비증명서 발급받은 건축물(건축물대장상 용도는 교육연구시설,단독주택,공동주택 등)이 2011.9.30일이후 용도변경신청시 2011.9.30일부터 고시원 면적 개정(500㎡이상 숙박시설) 시행되는데, 이와 관계없이 위 건축물 중 500㎡이상 1,000㎡미만의 건축물의 경우 제2종근린생활시설(고시원)으로 소급적용하여 용도변경 가능여부.		
회신내용	가. 건축법 시행령 개정(2009.7.16) 이전부터 고시원으로 허가받아 사용하고 있고 고시원 시설기준에 적합한 경우라면 건축물 대장상의 용도(교육연구시설, 공동주택 등)와 관계없이 적법한 것으로 이행강제금 부과 대상이 아닌 것으로 판단함. 나. 건축법 시행령 개정(2009.7.16)이전부터 고시원으로 허가받아 사용하고 있는 면적 500㎡ 내지 1,000㎡ 미만으로 고시원 시설기준에 맞는 경우라면 시행령 개정(2011.6.29 (시행 9.30))이후에도 "제2종근린생활시설"로 건축물 대장 변경이 가능함		

2009년 7월 이전의 고시원의 경우
용도와 관계없이 적법한 것으로, 이행강제금 부과 대상이 아니라는 회신 내용

담당기관	국토교통부		
카테고리	건축	관련법령	
담당부서	건축정책과		
등록일자	2011.12.19	수정일자	2013.12.06
첨부파일			
질의내용	2009년 7월 이전 고시원이 건축법상 용도분류가 되지 않아 교육연구시설로 용도를 신고하여 사용했던 고시원 건축물의 용도를 고시원으로 용도변경이나 표시변경을 할 경우, 원래용도(고시원)로 신고하지 않고 사용했던 부분에 대해 이행강제금이나 과태료를 부과할 수 있는지 여부.		
회신내용	건축물의 용도는 건축법 제2조제2항 규정에 의하여 당해 허가권자가 그 시설의 구조·이용목적 및 형태 등을 관계법령과 종합적으로 검토·판단하여 동 법 시행령 제3조의4 관련 별표1이 정하는 바에 따라 분류하고 있으며, 이에 정하여 있지 아니하는 동 별표1에 명시된 용도와 가장 유사한 용도로 분류할 현행 규정하에서(2009.7.16 이후) 고시원은 다중이용업소의 안전관리에 관한 특별법」에 따른 다중이용업중 고시원업의 시설로서 같은 건축물에 해당 용도로 쓰는 바닥면적의 합계가 1,000㎡ 미만인 것은 제2종 근린생활시설(바닥면적의 합계가 1,000㎡ 이상인 것은 숙박시설)로 분류하도록 하고 있으나, 과거 법령에서 고시원을 별도로 분류하지 않았던 때에는(2009.7.16 이전) 권한해옥 등에 따라 고시원이 사실상 '제2종 근린생활시설', '단독주택', '공동주택', '교육연구 및 복지시설등'으로 다양하게 분류되고 있으며 때문에 '교육연구 및 복지시설'로 용도 분류되고 있다는 단순한 이유로 이를 위법으로 보기에는 어려움이 있다고 사료됨. 용도변경이나 표시변경을 신청한 현행 법령상 고시원으로서의 요건을 충족시켜야 할 것으로써, 해당 고시원이 현행 건축법령 및 관계 법령에 위배됨이 없는지 여부를 확인 후 적법한 경우에 한하여 용도변경이나 표시변경 하는 것이 타당할 것임. 따라서, 개별 건축물의 위법성 여부 판단은 허가 당시 관계서류와 고시원의 시설충족여부, 소방관서에 고시원의 안전시설 설치 신고를 하였는지 등을 종합적으로 고려하여 판단하여야 할 것으로 사료됨		

2009년 7월 이전에 설립된 것이므로 위법이 아니라는 회신 내용

고시원으로 건축물 용도변경 기준			
담당기관	국토교통부		
카테고리	건축	관련법령	
담당부서	건축정책과		
등록일자	2011.12.27	수정일자	2013.12.11
첨부파일			
질의내용	법 개정 이전(2009.7.16)에 사실상 '고시원'으로 사용하고 있는 건축물을 '고시원'으로 용도변경 시 관련규정을 적용하여야 하는지 여부		
회신내용	가. 「건축법시행령」 별표 1. 제4호파목(신설)의 개정(2009.7.16)으로 「다중이용업소의 안전관리에 관한 특별법」에 따른 다중이용업 중 고시원업의 시설로서 독립된 주거의 형태를 갖추지 아니한 것을 '고시원'으로 분류하고 있으며, 나. 관련법령에 따라 사실상 '고시원'으로 사용하는 기존의 건축물을 현행 건축법령에 의한 '고시원'으로 용도 변경(기재사항의 변경을 포함)하고자 하는 경우에는 「다중이용업소의 안전관리에 관한 특별법」에 따른 다중이용업 중 고시원업의 시설기준에 적합하여야 합니다. 이 경우 건축물대장에 '독서실' 또는 이와 비슷한 것' 등으로 기재하고 사실상 '고시원'으로 사용하는 건축물을 계속하여 그 용도(사실상 '고시원')로 사용하는 경우에는 건축물대장의 용도를 변경하지 아니하고 사용할 수 있는 것으로 판단됩니다. 라. 다만, 건축법령의 개정(2009.7.16) 이전 및 「다중이용업소의 안전관리에 관한 특별법」 시행(2007.3.25)에 사실상 '고시원'으로 영업신고 된 건축물이 「다중이용업소의 안전관리에 관한 특별법」에 따른 고시원업의 시설기준에 적합한 것으로 보아 '고시원'영업을 계속할 수 있는지 여부는 당해 법률을 운용하는 소방방재청장이 판단할 사항이니 더 자세한 사항은 소방방재청 또는 종합행정을 수행하는 허가권자와 협의하여 처리하시기 바랍니다.		

2009년 7월 이전에 설립된 것이므로
건축물대장의 용도를 변경하지 않아도 사용할 수 있다는 회신 내용

고시원킹의 실전 어드바이스 6

옥탑방 고시원, 이런 점을 체크하자

인수하는 고시원에 옥탑방이 있는 경우, 소방시설 등 완비증명서 구획에 옥탑이 포함되었다면 1번 항목 면적에 포함되겠지만 미포함인 경우는 면적에서 제외된다. 이때는 권리 계약 시 설명이나 고지를 받았는지가 중요해진다. 따라서 임장할 때 이런 부분을 꼼꼼하게 살피고 미리 숙지한 뒤에 계약해야 한다. 간혹 소방시설 등 완비증명서에 구획실이 표시되지 않고 발급되는 경우도 있고, 옥탑에 있는 방이 소방시설 등 완비증명서에 없다는 것은 알았으나 건축물대장에는 다른 용도로 표시가 된 경우도 있고, 표시 자체가 없는 경우도 있을 수 있으니 스스로 체크하고 확인하는 습관을 먼저 갖도록 하자.

고시원킹의 실전 어드바이스 7

미리 알아두면 좋은 환산보증금

환산보증금이란 월세를 보증금으로 환산하여 원래의 보증금에 더한 금액을 말한다. 월세를 보증금으로 환산할 때에는 100을 곱하여 계산하며, 이 환산보증금을 기준으로 해당 지역별 상가건물 임대차보호법의 적용 대상 유무가 결정된다.

환산보증금=보증금+(월세×100)

상가임대차보호법이 적용되려면 서울 9억 원 이하, 수도권과밀억제권역과 부산광역시는 6억 9천만 원 이하, 세종특별자치시 및 광역시, 파주, 화성, 안산, 용인, 김포, 광주는 5억 4천만 원 이하, 그 외의 지역은 3억 7천만 원 이하여야 한다.

현재 내가 운영 중인 고시원의 환산보증금은 보증금 5천만 원+(월세 550만 원×100)=6억 원이므로 상가임대차보호법의 적용 범위에 드는 조건이다.

강남 고시원의 경우 임대료는 다른 지역에 비해 높은 편이다. 환산보증금이 상가임대차보호법의 적용 범위를 넘어가 있는 경우도 있고, 내가 인수하는 고시원의 월세가 현재 기준으로는 환산보증금을 넘어가지 않으나 2년 후 5% 인상되면 넘어가게 되는 경우도 있다(실제 내가 컨설팅을 한 클라이언트의 경우는 통건물이었는데 건물주와 협의하여 지하 공간의 고시원과 1~4층의 고시원을 각각 별도의 사업자로 등록해 환산보증금을 넘기지 않은 경우도 있다).

환산보증금이 적용 범위에서 제외된다면 임차인은 월세 5% 인상의 보호를 받지 못하기에 임대인은 얼마를 올리더라도 법적인 문제가 없다. 그러나 아무리 위법이 아니더라도 너무 큰 액수를 올리는 것을 어느 임차인이 쉽게 받아들이겠는가. 아마 소송까지 불사하는 임차인도 있을 것이고, 이 경우 판사는 주변 시세에 따르라고 하지 않을까 예상해본다. 인상하는 임대료가 주변 시세에 적당한지 과한지를 알아보고 건물주와 협의하는 것이 우선이 될 것이다.

그렇다면 환산보증금이 넘어가면 상가임대차보호법 10년도 보호를 받지 못하나? 그렇지 않다. 환산보증금이 넘어가더라도 상가임대차보호법 10년은 주장할 수 있다.

고시원킹의 실전 어드바이스 8

토지이음 활용하기

고시원 부동산을 통해 매물을 소개받았는데 해당 물건의 스토리를 모르는 경우에는 토지이음 앱을 활용하면 좋다. 주소지만 입력하면 재정비촉진지구 여부를 미리 직접 확인할 수 있다. 건물주가 임대차 계약 시 고지를 하겠지만 이 역시도 이런 사항이 생기면 계약 취소로 시간이 낭비될 수 있다.

만약 재개발 등에 해당한다면 운영 중인 원장님의 임대차 특약 사항에 기재가 되어 있을 수도 있고, 없다면 새로 명시할 수도 있다. 좋은 고시원 매물을 소개받았는데 '권리금이 왜 이렇게 저렴하지?', '왜 계약이 아직 안 되었지?'라는 의문이 든다면 재정비촉진지구는 아닐지, 재건축 예정은 아닐지 먼저 생각해보면 어떨까?

이 사항이 임대차 특약 시 기재된다면 아마 3년 후 재건축이 시작될 때, 예를 들어 보증금과 권리금 1천만~3천만 원만 건물주에게 받고 퇴거한다는 조항이 들어갈 수도 있고, 내가 지불한 권리금은 건물주가 책임지지 않을 수도 있으므로 이와 관련한 사항을 꼼꼼하게 체크하고 계약해야 한다.

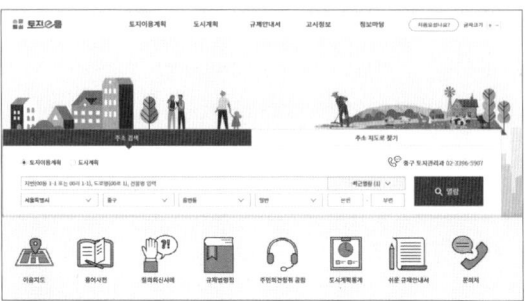

> 4단계 인테리어

상급지 룸 컨디션을 만드는
2주 완성 노하우

부르기 좋은 이름이 살기에도 좋다

　인테리어의 시작은 상호명과 외부 간판부터라고 나는 생각한다. 요즘 같은 시대, 다 온라인 검색을 활용해 찾아오는데 상호와 간판이 뭐가 그리 중요하냐고 반문할지도 모르겠다. 온라인 검색을 위한 홍보가 중요하다는 데에는 나도 동의한다. 깔끔한 복도와 예쁘게 꾸며진 방 사진으로 사이트를 구성하면 해당 사진을 보고 실제 고시원을 찾아오는 손님이 많을 것이다. 그런데 나는 그것만큼이나 고시원의 이름 역시 중요하다고 생각한다.

　이 단어들은 고시원에 관심이 생겼다면 볼 수 있는 단어들이다. 고시원, 고시텔부터 리빙텔, 캐슬, 하우스, 원룸텔, 레지던스, 스테이, 학사(학원+기숙사의 줄임말)까지. 요즘 너무 '스테이'라는 단어를 고시원에 많이 사용하는 것 같아 수강생들에게 그냥 고시원이라는 상호가 눈에 더 잘 들어오지 않냐는 얘기를 웃으며 한 적도 있다. 만약 인수 예정인 고시원의 상호가 만족스럽다면 그대로 유지해도 될 것이고, 내가 원하는 상호가 있다면 변경 인테리어를 준비하자.

만약 상호를 변경할 예정이라면 소방 점검 신청할 때 변경할 상호로 기재하자. 소방필증은 세무서에서 사업자등록증을 발급받을 때 썼던 상호대로 나오므로 이를 바꾸지 않으면 두 서류의 이름이 달라질 수 있다. 외부 간판을 교체했다면 내부에 붙어 있는 상호, 실사 출력물 등도 일괄 교체하자. 간판을 바꿀 때 한 번에 다 교체하는 것이 수월하다.

어디에서부터 어디까지 뜯어고칠 것인가?

내부가 잘 되어 있는 곳이라고 하더라도 출입구 외관이 지저분하다면 들어가고 싶을까? '과연 여기에 들어가면 행복할까?'라는 의문이 드는 건 나만의 생각일까? 그래서 보이는 입구가 무엇보다

중요하다고 생각한다.

100쪽에 있는 사진 속 고시원의 이름은 '행복한 고시텔'이다. 그런데 저 간판과 출입구를 보고 과연 행복한 고시텔이라는 느낌이 전달될까? 아마 그렇게 느끼는 사람은 드물 것이다.

다음은 내가 운영 중인 고시원의 과거와 현재 입구 사진이다.

인수하기 전(왼쪽) 출입구 모습이 내 눈에는 올드해 보였다. 출입문 위에 지붕을 올려 비를 피하도록 해두었으나, 내 눈에는 흡연자들이 비 올 때 담배 피우기 딱 좋은 곳으로만 보였다. 그래서 지붕을 과감하게 철거하고 바로 옆 음식점과 비슷한 느낌으로 바꾸면서 고시원 전용 입구라는 부분에 포커스를 두었다. 상호명은 그대로 유지하는 대신 앞을 지나가는 사람들이 볼 수 있도록 전화번호를 넣었다. 입구에 전화번호를 새긴 덕인지 지나가는 길에 봤다며 입실을 문의해오는 경우가 종종 있다. 만약 인수한 고시원의 어디부터 손을 댈 것인지 고민이라면 입실 문의하는 사람의 동선에 따라 들어오는 입구부터 체크해보라.

나는 얼마까지 쓸 수 있는 원장인가?

매물 계약이 끝나면 이제 머릿속에는 매물이 없다. 오로지 다음 단계 인테리어다. 가장 많이 하는 질문이 '인테리어하는 데 비용이 얼마나 들어가나요?'이다. 보통 가용 금액이 얼마인지 물어보면 인테리어 비용으로 2천만 원 정도를 산정하고 말하는 경우가 많다. 예를 들어 1억 7천만 원이라고 했을 때 인테리어 비용으로 2천만 원 정도는 빼고 창업 비용을 1억 5천만 원이라고 하는 식이다.

나는 첫 번째 고시원의 인테리어 비용으로 1천만 원을 썼다. 저비용 고효율을 노리고 그런 게 아니라 예산이 그것밖에 없었다. 150만 원을 들여 주방 공사를 하려다가 30만 원 들여 시트지 붙이는 것으로 마무리했고, 복도 바닥에 데코타일을 깔고 싶은데 예산이 안 되어서 장판을 깔았다. 그래도 나름 환하고 깨끗한 환경을 만들었다고 생각한다.

예산에 맞춰 인테리어를 해본 경험이 있어서 그런지, 나는 예비 원장님들에게 인테리어를 할 때는 비용을 최대한 절감해서 하시라고 권유한다. 내게 컨설팅받은 한 원장님은 통건물 인테리어에 1억 원을 들이기도 했다. 그것이 나쁘다고 말하는 것이 아니라 팔 때 나의 '본전' 생각을 따져봐야 한다는 이야기다.

생각해보자. 만약 2억 원에 고시원을 인수해서 운영하기로 결심했다. 만실 데이터가 얼마인지 파악했고 2억 투자에 평균 얼마 정도 수익이 나오는 매물이고 최고치 순수익 역시 정해져 있다. 그런데 인테리어로 5천만 원을 들여 공사했다면 투자한 원가는 2억 5천만 원 아닌가. 만약 개인 사정으로 양도해야 하는 경우 이 물건을 2억 5천만 원에 내놓는 원장님이 있을까? 인테리어할 때 고생한 것+감정노동, 운영할 때 어려웠던 점 등 다 고려해서 권리금에 포함하게 될 것이다. 그래서 적어도 2천만~3천만 원은 더 붙여서 내놓게 될 것인데, 그럼 가격이 2억 8천만 원으로 올라간다.

본인은 2억 원의 데이터를 보고 들어온 매물을 다음 사람에겐 2억 8천만 원의 데이터에 최고 수익이 맞춰지는 매물로 내놓아 결정

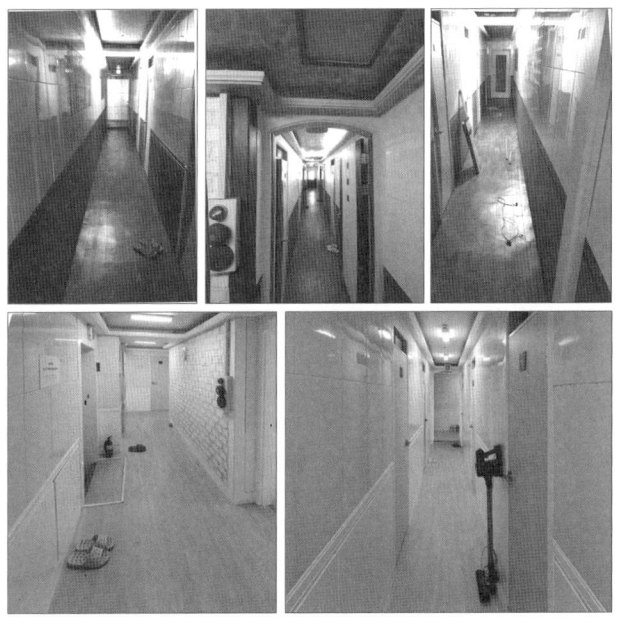

하라는 말인데, 매물의 특별함이 없다면 계약이 쉽지만은 않을 것이다. 거꾸로 본인이었다면 이 같은 제안을 수락할지를 생각해보라. 너무 무리한 금액을 투자한 인테리어는 투자한 원가를 올리고 엑시트할 때 몸값을 무겁게 하는 경우가 있다는 것을 알고 있자.

103쪽 사진의 상단은 내가 인수할 당시의 복도 모습이고, 하단은 내가 인테리어를 하고 난 뒤의 복도 모습이다. 큰 비용을 들이지 않고도 깨끗하고 밝은 이미지로 바꾸는 데 성공했음을 사진으로도 확인할 수 있다. 고급스럽게 하지는 않더라도 깨끗하다는 느낌을 주는 곳이라면 나는 방이 찰 것이라고 본다.

나는 내가 인테리어하는 목적을 알고 있다

"인테리어를 왜 하시나요?"라고 물으면 모든 답은 똑같다. 가치를 올려서 방 가격을 높게 받으려고 한다는 것. 깨끗하게 하면 입실자들 입장에서 당연히 좋지만, 방 가격을 무조건 올리는 것이 맞고 또 올릴 수 있게 되는 걸까? 복도와 주방 공용 공간도 중요하지만 결국 내가 지낼 방이 쾌적해야 하고 제공하는 서비스가 플러스가 되어야 입실자들의 개인적인 지출이 줄어들어 방 가격이 인상되는 것에 동의하게 될 것이다.

누구든지 내 돈 단돈 1,000원이 나가는 건 아깝다고 생각한다. 먹는 것을 다양하게 제공해준다거나 건조기가 없는 곳에 무료로 건조기를 설치하여 사용하게 한다면 인상하는 방 가격만큼 서비스를 받는다는 생각이 들지 않겠는가. 간혹 어느 원장님은 코인 건조기를 설치해서 그 비용도 추가 수익으로 생각하는 경우가 있는데, 나는 가정용 무료 건조기를 설치하는 것이 더 좋을 것이라고 제안한다. 실제 코인 건조기가 있는 고시원에 가보면 건조기가 있어도 여전히 복도에 건조대를 설치해서 빨래를 말리고 있는 모습을 볼 수 있다. 내 돈을 들여서 건조기를 사용하고 싶지 않기 때문에 그런 것이다. 인테리어의 목적이 결국 방 가격을 올리는 것이라면 공용 공간은 깨끗하게 하고, 가치를 올릴 수 있는 곳에 더 포커스를 맞추어 투자하라.

건물 앞 1층 입구에 '물통-배너'를 놓아 활용하라

고시원은 보통 2층 이상에 위치하고 있다. 그런데 사람들은 위를 보면서 걷지 않는다. 그러니 1층 입구 정면 앞에 '물통-배너(Y형 배너)' 하나를 세워두는 게 생각보다 큰 효과를 낼 수 있다. 비용도 5만~10만 원 정도다.

배너에 A타입, B타입, C타입 세 가지 정도의 방 사진을 넣어 보여주면 고시원 방이 어떻게 생겼는지 외부에서도 보기 쉬워 의외의 효과가 있다. 그리고 배너 하단 쪽에는 반드시 입실 문의 연락처를 같이 넣어서 방 사진을 보고 문의 전화를 받을 수 있도록 만들면 된다. 나는 '물통-배너 제작 사이트(https://www.bizhows.com)'를 활용했다. 기본 폼이 있는 사이트에 사진과 문구만 넣어서 제작할 수 있다.

1층 현관에 물통배너를 활용한 모습

청소도 인테리어다

나는 고시원을 시작하면 청소업의 과정을 거쳐야 한다고 강조한다. 청소는 기본이다. 청소만 깨끗하게 잘 하면 방이 잘 찬다는 진부한 얘기를 하는 게 아니다. 우리가 이사를 하거나 방을 정리할 때 가장 먼저 하는 일은 쓸데없는 짐을 버리는 것이다. 청소를 하는 일이 중요한 것은 공간을 살리는 일의 기본이 청소로부터 시작되기 때문이다. 비어 있어야 공간 활용이 생긴다. 그래서 인테리어의 시작이 청소라는 말을 하는 것이다.

청소 주기는 운영하는 고시원의 방 개수와 거주하는 인원에 따라서 매일 청소를 해야 하는 경우와 이틀에 한 번 또는 3일에 한 번 정도 나가서 청소하는 경우 등 제각각일 것이다. 쓰레기들이 꽉 차서 넘치지 않도록 평상시에 청결을 유지하는 것이 인테리어의 시작이라는 말이다.

고시원 창문은 외모지상주의

다음 사진은 개인 컨설팅을 진행했던 클라이언트 원장님의 고시원 외부 시트지 변경 사진이다. 상호 변경은 물론 낡은 시트지에

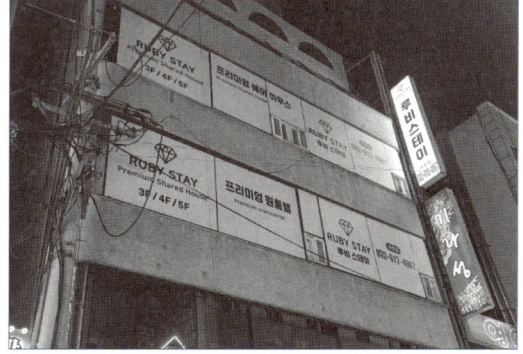

3, 4층의 '에이스 리빙텔' 상호가 제대로 안 보이던 옛 창문(위)과 달리 바뀐 상호 '루비스테이'(아래)는 눈에 잘 띈다.

서 깨끗하고 눈에 확 띄는 컬러로 인테리어했다. 외부에서만 봐도 장사가 잘될 것 같은 생각이 들지 않는가. 프리미엄과 원룸텔이라는 문구로 방을 구하는 사람들에게 고시원의 특징을 쉽게 이해할 수 있도록 했고, 한쪽 창문에 큼지막하게 연락처를 적어 곧바로 문의 전화를 할 수 있도록 했다.

저비용으로 고효율을 얻는 테크닉(필름 시공 등)

고시원의 필름 시공을 할 때는 반드시 방염 필름지를 사용해야 한다. 소방 점검이 나올 때 이를 확인한다. 필름 시공을 맡기는 업자에게 방염 필름지를 사용해달라고 하고, 방염증을 받아두면 된다. 일반 필름지보다 비싸다.

인테리어 견적을 낼 때 보통 해당 고시원 인근에 있는 곳으로 알아보는 경우가 많은데 보통 자재비 외 인건비 차이가 날 수 있기 때문에 견적을 다양한 곳에서 받는 게 좋다.

숨고와 당근마켓의 동네 홍보 영역에 광고를 하는 곳도 생각보다 많아서 비교 견적을 받아보는 것도 추천한다.

깨끗한 주방은 필수

다음 사진은 내가 두 번째 운영하고 있는 고시원의 주방이다. 이 주방도 인테리어를 할 때 깨끗한 하얀색으로 바닥 데코타일을 했었는데 이후에는 어두운 색으로 부분만 다시 교체했다. 이유는 주방을 사용하는 사람들이 손을 씻고 물기를 바닥에 그대로 털어버리고 슬리퍼 등으로 밟고 지나다니면 하얀색이 아니라 검정색으로 변하듯이 더 지저분해졌기 때문이다.

입실 문의가 오면 공용 주방이 어딘지 물어보러 가는데 바닥이 시커멓게 되어 있다고 생각해보라. 관리가 안 되고 주방을 사용하고 싶지 않다는 생각이 들 것이다.

주방 인테리어를 할 때 바닥 데코타일 색깔을 같이 고려해두자.

공용화장실을 호텔처럼

경기도 지역에 있는 고시원으로, 내가 컨설팅해드렸던 원장님의 고시원 공용화장실 사진이다. 올미니룸으로 운영하는 곳은 화장실이 방에 없으므로 특히 더 신경 써야 한다. 요즘은 화장실을 헬스장 샤워 공간처럼 만드는 등 화장실이 쾌적한 공간을 만드는 필수 인테리어 장소가 되어버렸다.

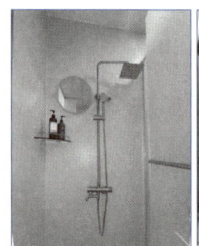

휴게공간 꾸미기

고시원에 따라 휴게공간으로 활용할 수 있는 곳이 있는 곳도 있고 없는 곳도 있을 것이다. 111쪽 사진은 내가 컨설팅했던 강남의 고시원 원장님이 구상하여 만든 휴게공간이다. 지하인데 안쪽으로는 주방이 있어 식사도 할 수 있고, 인터넷 사용도 가능하고, 세탁기도 비치해두어서 빨래도 가능한 공간이다. 편안한 공간이자 휴게공간으로 안성맞춤을 할 수 있는 편의시설이야말로 제일가는 휴게공간의 기능이 아닌가 생각한다.

고시원킹의 실전 어드바이스 9

셀프 시공이 가능한 공간

고시원 방을 깨끗하게 꾸미는 최적의 방법은 도배다. 고시원을 도배할 때는 대개 고시원 전문 도배사분들께 견적을 받는다. 동네 인테리어 업체나 지물포에 알아보는 것보다 견적이 훨씬 낮기 때문이다. 지물포에 알아보면 방 1개에 25만~30만 원 정도는 지불해야 하는 견적가가 도배사와 직접 계약하면 방 1개당 11만~15만 원 선에서 가능하다는 분, 3~4개 방 이상일 때에만 작업이 가능하다는 분 등 다양한 견적 비용을 받을 수 있다.

내 경우, 간단한 도배는 내 손으로 한다. 그리고 물품은 시트지를 사용한다. 11만 원이든 10만 원이든, 1개 실의 도배 비용으로 지불하기에는 매우 비싼 금액이기에 시트지로 직접 시공한다. 시트지가 다양하게 나오고 또 품질도 좋은 게 많다.

방 전체 벽지가 다 오염되었다면 도배를 진행하지만, 일부만 오염되었다면 그 부분만 시트지를 붙이는 것도 요령이다. 특히 사람 머리가 닿는 부분에는 머릿기름이 배기 마련이라서 오염도가 심한 편이다. 이때는 오염된 부분을 약품으로 닦아내고 시트지를 붙이면 된다. 시트지는 도배지처럼 큰 사이즈가 아니고 작은 사이즈로 나오므로, 누구나 시공이 간편하다.

머릿기름으로 얼룩져 있는 벽면

다른 색의 시트지로 시공하니 분위기가 달라 보인다.

👑 [고시원킹의 스페셜 케어 3] – 취향을 저격하는 다섯 가지 룸 타입과 구매 링크]

1) 평화로움과 안정감을 주는 휴식 같은 방_ 2기 수강생 원장님의 실제 방 사진

차가운 독서실 같은 느낌의 방이 은은한 조명과 캔들, 곰인형 등의 소품으로 아늑하고 온화하며 머물고 싶은 방으로 바뀌었다.

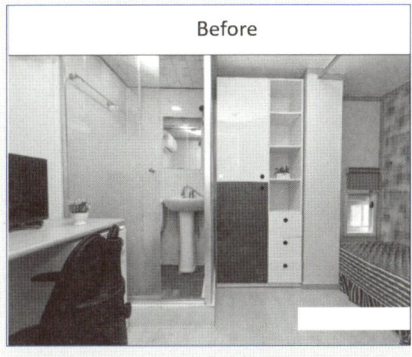

이불 : https://link.coupang.com/a/70Le1

시트 : https://link.coupang.com/a/70NKQ

의자 : https://link.coupang.com/a/70LH2

조명 : https://link.coupang.com/a/70Mec

모형책 : https://link.coupang.com/a/70Nly

곰인형 : https://link.coupang.com/a/bfKgJT

나머지 캔들, 시계, 패드, 가짜 식물, 발 패드 등은 방 안 용품

2) 화이트로 통일해 세련되고 말끔한 느낌을 주는 방_ 3기 수강생 원장님의 실제 방 사진

컬러가 뒤섞여 정신없고 어수선해 보였던 방을 화이트로 통일하여 말끔하고 세련된 방이 되었다.

Before

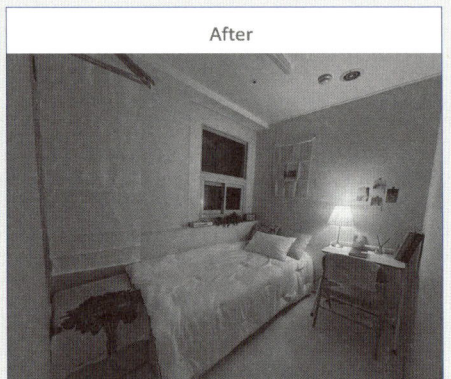
After

코멧 홈 프리미엄 방수 매트리스 커버 : https://link.coupang.com/a/bfzzLi

라뽐므 노르빅 차렵이불 : https://link.coupang.com/a/bfzzyt

아임리빙 중량업 블랙라인 호텔용 마이크로필에버 베개솜 지퍼형 : https://link.coupang.com/a/bfzz61

모노니크 패브릭 포스터 : https://link.coupang.com/a/bfzADz

디어트리 패브릭 포스터 : https://link.coupang.com/a/bfzAu4

마켓비 BRUG 길이조절가능 벽걸이 바행거 옷가게 60~90cm : https://link.coupang.com/a/bfzBsg

홈앤하우스 프리미엄 원목 옷걸이 : https://link.coupang.com/a/bfzBb2

비바브 마트리카리아 자수 쿠션커버 : https://link.coupang.com/a/bfzRMP

루아즈 침대 단스탠드 무드등 LUAZ003 : https://link.coupang.com/a/bfzQQj

소프시스 튜브 접이식 책상 647 : https://link.coupang.com/a/bfzGxx

듀코 접이식 의자 – 2P 오렌지 2개 : https://link.coupang.com/a/bfzA4V

부케가르니 디퓨저 200ml 2개입 : https://link.coupang.com/a/bfzBSM

리버그린 인테리어 촬영 소품 모형책 10p 세트 : https://link.coupang.com/a/bfzBLX

행복한마을 조화부쉬 스마일락스 : https://link.coupang.com/a/bfzAmt

아이엘 감성 카드 사진 30장 세트 : https://link.coupang.com/a/bfzASG

Bayon LED 일자등 30W : https://link.coupang.com/a/bfzAcw

이코니하우스 선염무지 쿠션 : https://link.coupang.com/a/bfzR0r

브리츠 SOUNDROOM 블루투스 스피커+리모컨 : https://link.coupang.com/a/bfzSri

3) 실용성으로 업그레이드한 방_1기 수강생 원장님의 실제 방 사진

냉장고와 스탠드 조명, 침대와 책상을 구비해 실용성 200% 방으로 바뀌었다.

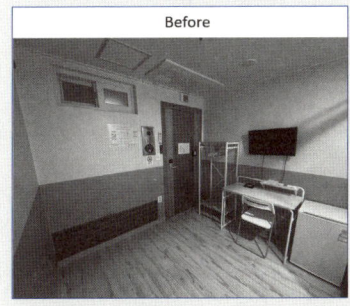
Before

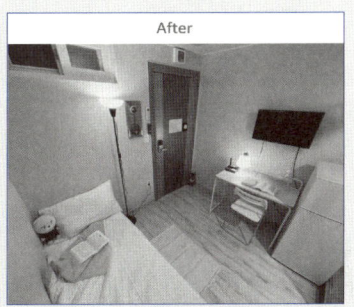
After

캐리어 냉장고 138리터(쿠팡)_ 230,300원 : https://www.coupang.com/vp/products/7292313395

탁상 스탠드(이케아)_ 7,000원+전구 :

https://www.ikea.com/kr/ko/p/lampan-table-lamp-white-10284244/

상향식 스탠드(이케아)_ 20,000원+전구 :

https://www.ikea.com/kr/ko/p/tagarp-floor-uplighter-black-white-80464053/

이불커버+베개커버(이케아)_ 19,900원 :

https://www.ikea.com/kr/ko/p/vaenkrets-duvet-cover-and-pillowcase-check-pattern-white-yellow-10507942/

이불솜(이케아)_ 14,900원 : https://www.ikea.com/kr/ko/p/saefferot-duvet-light-warm-80457062/

베개솜(이케아)_ 7,900원 : https://www.ikea.com/kr/ko/p/vildkorn-pillow-low-10460591/

러그(이케아)_ 5,900원 :

https://www.ikea.com/kr/ko/p/sortsoe-rug-flatwoven-unbleached-50418519/

책, 인형 등은 방 안 용품

4) 북유럽 감성이 가득한 '나만의 방'_ 고시원킹 개인 컨설팅 원장님의 실제 방 사진

이케아를 활용해 가구부터 침구, 소품까지 모두 바꾸어 고시원스럽지 않은 자기만의 방 느낌으로 바꾸었다.

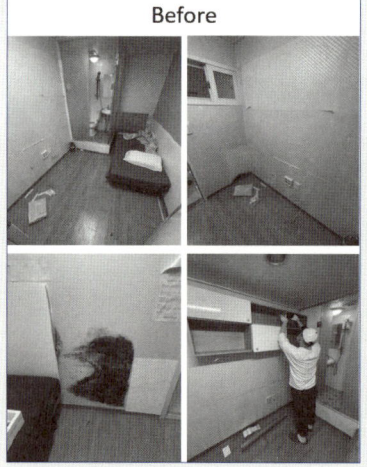
Before

After

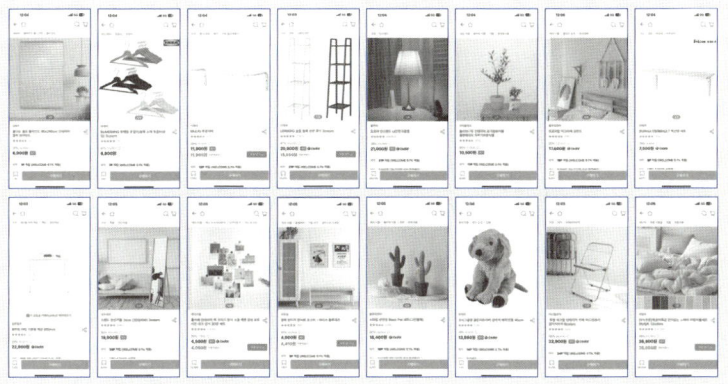

전 제품 이케아

5) 깔끔하게 정돈된 느낌이 돋보이는 모범생 방_ 2기 수강생 원장님의 실제 방 사진

자질구레해 보이던 기존 방을 화이트 시트지와 화이트 침대 시트, 화이트 의자와 책상으로 통일하고 반투명 유리로 바꾸어 정돈된 느낌의 방으로 꾸몄다.

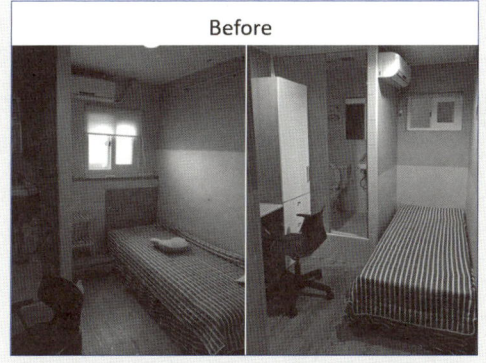

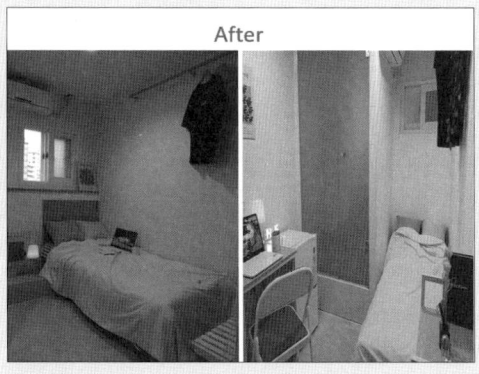

코멧 책상 800 : https://link.coupang.com/a/bfBQ2A

코멧 패브릭 쿠션 접이식 의자 : https://link.coupang.com/a/bfBQ59

코멧 3단 책장 : https://link.coupang.com/a/bfBQ9j

로즈로사 2T 접착 비접착 데코타일 12color : https://link.coupang.com/a/bfBRcg

타카타카 플러스 순면 베개커버 : https://link.coupang.com/a/bfBRjA

나드 테라피 디퓨저 50ml×2p : https://link.coupang.com/a/bfBRor

한샘×홈앤하우스 데일리원목 옷걸이 : https://link.coupang.com/a/bfBRsk

센츄리 수유 단스탠드 조명 무드등+리모컨 : https://link.coupang.com/a/bfBRy3

퍼니즈 앙리A 폼보드 슬림액자 3종 세트 : https://link.coupang.com/a/bfBRAo

메이크포 촬영 소품 모형 책 5종 세트 : https://link.coupang.com/a/bfBREc

쉐어몰 린넨 북유럽스타일 심플 쿠션커버 : https://link.coupang.com/a/bfBRFx

5단계 운영 노하우

마인드부터 행정, 시설물, 불편한 이웃까지 모두 관리하라

여기는 호텔인가? 고시원인가?

최적화 원장님이란 얘기를 들어봤는가. 고시원을 인수하려고 알아보다 보면 1년 운영했다, 2년 운영했다 하는 얘기를 듣게 된다. 2024년 올해 나는 고시원 운영 5년 차가 된다. 아마 운영 중인 원장님이 듣기에는 오래 하고 있다는 생각이 바로 들 것이다. 1년간 사계절을 지나보면 생각 이상으로 많은 경험을 하게 되기 때문이다.

나는 평소 수강생들에게 고시원은 서비스업으로 시작해서 청소업, 이어 시설업이라고 말한다. 강의를 들을 때는 그런 일이 있을 수 있겠구나, 그런 일이 생기면 나도 그렇게 처리해야겠다고 마음의 준비를 할 수는 있다. 다만, 현실로 마주하게 되면 처음이다 보니 당황하게 되어 머리가 하얘지면서 시간과 돈을 들여 처리하는 일들을 하게 된다.

고시원 사업은 어떤 사업이라고 생각하나? 나는 자신 있게 말할 수 있다. 고시원 사업은 [멘] [탈] 사업이다. 멘탈이 무너지면 다 무너진다. 서비스업으로 입실자들을 대하다가 어느 날 밤 술 먹고 연락해서는 다짜고짜 민원을 제기하는 무례한 이들을 만나다 보면 내가 뭘 하는 건가 하는 생각도 들고, 지속적으로 연락해오는 입실자에게는 나도 사람인지라 짜증이 폭발한다. 누구는 춥다, 누구는 덥다, 물이 잘 안 나온다, 변기가 막혔다, 천장에서 물이 떨어진다, 쌀이 없다, 라면이 없다, 빨래가 잘 안 된다 등등 민원이 한도 끝도 없다. 과연 여기는 호텔인가? 고시원인가? 나는 입실자들이 우리 고시원에서 편하게 지내시도록 대하려 하는데 그들은 나를 감정의 쓰레기통 정도로 생각하는 것 아닌가?

최적화 원장의 마인드 장착하기

어느 정도 기간이 지나면서 적응될 때 즈음에는, 이제 공용 거주에서 지켜야 할 규칙을 어기는 사람들이 늘어나기 시작한다. 분리수거가 제대로 안 되는 것은 이해한다 치더라도 일반 쓰레기통에 먹다 만 편의점 도시락이나 국물이 반이나 남은 짬뽕을 뚜껑만 살짝 닫아서 버려놓는다. 이럴 때면 나는 사진을 찍어 전체 문자로 공지를 날린다.

"이러면 벌레 생기고 더러워집니다. 기본적인 에티켓을 부탁합니다."

가끔은 입실자가 분리수거하지 않고 버린 쓰레기 때문에 구청에서 벌금 주의를 받는다. 그때는 CCTV를 돌려보고 범인을 찾아 벌금을 그대로 청구한다고 고지한다.

공지, 원칙 고수, '협박인 듯 협박 아닌' 협박 문자 등. 그렇게 시간이 지나면서 적응하고 단련하고 내공을 쌓아간다. 갑자기 소방이 울린다는 입실자의 전화를 받고 새벽에 뛰어간 적도 있고, 주말에 차단기가 떨어져 부랴부랴 달려간 적도 부지기수다. 또 아래층 사장님이 찍어 보낸 누수 의심 사진에는 어떻게 대처했던가(이와 관련한 자세한 노하우는 뒤쪽에서 다시 설명하겠다).

일당백, 멘탈 갑 정신. 그게 내가 생각하는 최적화된 원장의 마인드다. 그래서 나는 지금도 수강생들에게 적어도 1년(사계절)은 운영해보라고 말씀드린다. 1년이면 최적화 원장님이 되어 있을 것이라고 말이다.

원장이 해야 할 필수 행정 업무

직장 생활할 때도 멀티가 되어야 한다고 했던가? 원장도 멀티가 되어야 하는 건 마찬가지다. 방을 채우는 것부터 정리, 홍보, 응대, 청소 등. 거기다 행정 업무 처리도 있다. 행정 업무 처리는 처음에 손에 익을 때까지 적응하는 기간이 필요하지만 정작 알고 나면 크게 어려울 건 없다. 우리는 방을 팔고 합당한 금액을 지불받기 때문에 입실계약서라는 걸 작성한다. 입실하는 사람의 성명, 성별, 주민번호, 호실, 방 가격, 보증금, 연락처 외 보호자 연락처, 직업 등 각 원에서 마련한 서식에 맞게 작성하면 된다.

그다음 행정 업무는 실거주확인서다. 실제 우리 고시원에 입실하고 있는지, 계약 시작일은 언제인지 등을 운영 원장님이 작성하여 입실자에게 전달하면 입실자가 직접 해당 주민센터에 방문하여 제출하면 된다. 입실자들은 대부분 전입신고를 하는 경우가 많고, 본인 상황에 따라 수급자 신청을 하는 경우에도 실거주확인서를 작성해달라고 요청하는 일이 많다. 간혹 입금한 3개월분의 입실 요금에 대해 간이영수증을 발급해달라는 입실자도 있는데, 이는 한국토지주택공사(LH)에 제출하기 위함이다.

입실료는 무통장 입금이 가장 많고 카드 결제는 가끔 발생한다. 2021년 1월 1일부터 고시원 운영업도 현금영수증 발행 의무 업종이므로 100% 현금영수증을 발행해야 한다. 카드 결제는 카드단말기 또는 홈택스를 통해서 소비자 소득공제 - 식별번호(주민번호 또는 휴대폰번호 입력)를 입력하여 총 입금 받은 금액을 부가세 포함하여 발행하면 된다.

카드 결제를 위한 단말기

단말기를 구입하면 다음과 같은 일곱 가지 장점이 있다.

- 단말기 구매 비용이 저렴하다. 5만 원 미만으로 한번 구입하면 월 비용이 들지 않는다.
- 현장에서 신용카드를 받아서 직접 결제가 가능하므로 편리하다.
- 앱을 설치하여 비대면으로 신용카드 결제가 가능하다.
- 앱에서 소비자 소득공제용 현금영수증 발행이 가능하다.
- 앱을 통해 거래내역을 확인할 수 있다.
- 앱을 통해서 결제 후 문자로 매출전표 전송이 가능하다.
- 두 곳에서 사업자를 운영할 때 앱에서 추가 연결이 가능하나 (유료).

불난 곳 없는데도 화재감지기는 울린다

오토 시스템을 만들기 위해서는 크게 두 가지가 필요하다. 첫 번째는 시설이고, 두 번째는 사람이다. 시설에 관해서는 '문제될 수 있는 것을 정비하고 시설물을 관리해나가는 일을 최소화하는 것'이라고 정의하면 맞을 것이다. 일례로 고시원은 소방시설이 갖추어져 있어야 하는데 화재감지기, 연기감지기의 오작동률이 80%나 된다. 장마철 비가 많이 오거나 겨울철 눈이 많이 오는 날에 그럴 수 있고, 습하거나 추운 날 등에도 오작동으로 울리는 경우가 있다. 그게 아니더라도 주기적으로 오작동한다면 어느 방에서 그런지 개방하여 일일이 확인해야 한다.

화재감지기가 오작동하여 실제 불이 들어온 상태

오작동되는 방은 앞의 사진처럼 화재감지기에 빨간 불이 들어와 있을 것이다. 이때는 바로 조치를 취해야 한다. 대개는 사무실 안에 P형 1급 수신기가 있다. 화재감지기가 울리면 수신기 해당 표시 층에 빨간 불이 들어온다. 불이 나지 않았는데 오작동이라면 주경종 버튼과 지구경종 버튼을 눌러서 감지기가 울리는 것을 멈추면 된다.

연기감지기가 오작동하여 실제 불이 들어온 상태

화재 경보기가 오작동하는데 원장이 고시원에 없고 총무도 없다? 게다가 원장의 집에서 고시원까지의 거리는 1시간이다? 그렇다면 오작동 전화를 걸어온 입실자에게 사무실 비번을 알려주고 수신기 경종과 주경종을 눌러달라고 하면 된다. 이마저도 여의치 않고 실제 오작동 여부를 확인할 수 없다면 119 소방서에 상황을 얘기하고 신고하는 것이 긴급조치 방법이 될 수 있다. 그러면 소방관이 현장을 방문하여 실제 화재인지 확인 요청하고 수신기를 멈추어줄 수 있다. 그 시간 동안 원장은 마음의 급한 불을 끄고 고시원에 무사히 도착할 수 있을 것이다.

창업하면 모두 새것으로 교체하자

앞에서 말한 상황에서 수신기 오른쪽에 위치한 복구 버튼을 눌렀을 때 해당 표시된 층의 불이 꺼진다면 오작동이 분명하다. 이때는 복구를 누름과 동시에 방 천장 화재감지기에 들어와 있던 불도 같이 꺼지므로 복구 버튼을 누르기 전에 모든 방의 문을 개방하여 어느 화재감지기의 불이 들어왔다가 꺼지는지를 찾아내서 교체하면 된다.

그런데 이런 일이 빈번히 발생한다면? 그때마다 소방서에 전화를 하고 모든 방 문을 일일이 개방해서 오작동하는 감지기를 찾는 수고를 반복할 것인가? 그럴 수는 없다.

그래서 나는 컨설팅해드리는 분들에게 인수 후 가장 먼저 화재감지기와 복도에 있는 연기감지기를 최우선으로 교체하라고 조언한다. 개당 가격이 3천~4천 원 정도 하고 연기감지기도 1만 원 미만이다. 모델을 확인해서 동일한 제품을 구매한 후 천장에 있는 감지기를 왼쪽으로 돌려 아래로 당기면 쉽게 빠진다. 다시 새 제품을 끼워서 오른쪽으로 돌리면 안에 핀이 맞물리면서 끼워진다. 만약 화재감지기 모델이 단종되어 같은 모델이 없다면? 천장에 있는 제품을 분리해서 재설치해야 한다. 직접 하기 힘들다면 사설 소방

업체에 요청하여 교체할 수 있다. 이렇듯 화재감지기와 연기감지기를 미리 새것으로 바꾸어두면 주기적으로 오작동이 울리는 것을 미연에 방지하는 데 도움이 될 것이다.

차단기 떨어짐을 차단하라

고시원에서 자주 벌어지는 사건 사고 중 또 하나가 바로 차단기가 내려가는 일이다. 이 사진을 보면 하나가 반대로 되어 있는 것이 보일 것이다. 차단기가 내려간 것이다.

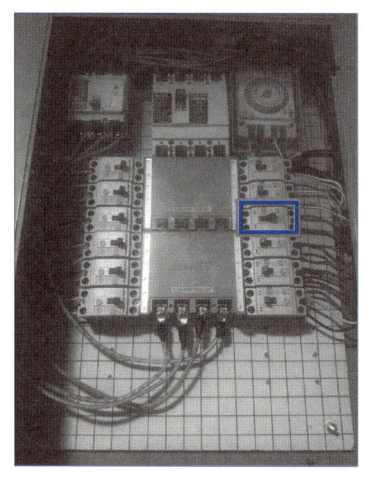

박스 친 부분, 차단기가 반대 방향으로 되어 있어 내려간 것을 확인할 수 있다.

차단기가 떨어진 이유는 몇 가지가 있을 수 있는데, 과전력으로 떨어지는 경우(전력이 높은 전자레인지, 건조기, 세탁기, 공기청정기, 전기포트, 전기장판, 드라이기 등을 여럿이 동시에 사용한다든지 생각지도 못한 과전력

제품을 원장의 동의 없이 사용하고 있다든지 해서)와 차단기 자체 고장으로 교체해야 하는 경우, 마지막으로 사용 중인 전자제품 중 고장 난 충전기, 멀티탭, 또는 물먹은 전자제품을 꼽았을 때 쇼트가 나면서 차단기가 떨어지는 경우다(경험상 세 번째가 가장 많이 발생하는 사유였다).

차단기가 떨어지면 전화가 걸려온다. 이때는 가장 먼저 전화를 걸어오는 입실자를 우선으로 체크해보는 게 좋다. 전화를 건 사람이 고장 난 전자제품 또는 물먹은 제품을 꼽았을 때 전기가 나가자마자 나에게 전화한 경우가 경험상 여러 번 있었다. 대부분은 아니라고 부인하는데, 진실은 본인이 가장 잘 알 것이다. 그래서 나는 입실자들에게 사진에 고지한다. 방에서 사용하는 고장 난 또는 물먹은 제품이 있다면 당장 버리고 새 제품을 사용하라고 말이다. 그 제품을 다시 꼽으면 차단기는 반복해서 계속 떨어진다고. 그래서 차단기가 내려가는 상황이 발생하기 전에 전기 기사를 불러 차단기 전력 및 고장, 교체 유무를 미리 파악해두는 것이 원활한 오토 시스템을 위해 필요하다.

보일러와 에어컨 IOT 설치는 오토 시스템의 꽃

다음은 여름철 에어컨 작동과 겨울철 보일러 작동이다. 현재 많은 고시원들이 중앙 에어컨에 타이머를 설치하여 사용하고 있다. 타이머는 분침당 15분씩 되어 있으니 온도에 맞게 그때그때 수동으로 조절하면 된다.

나 역시 매주 온도를 체크하지만 겨울철에는 갑자기 더 추워지는 날도 있고, 여름철에는 습도에 따라 갑자기 더 더워지는 날도 있다. 이때마다 작동을 하러 고시원에 나가야 한다면 얼마나 번거로울까. 그래서 IOT 설치가 필요하다. IOT를 설치하면 앱으로 ON/OFF 기능을 편리하게 쓸 수 있어 좋다.

타이머와 IOT의 차이 중 하나가 바로 작동 방식이다. 타이머 방식의 경우 OFF로 설정할 때는 전기를 내리고 ON으로 설정할 때

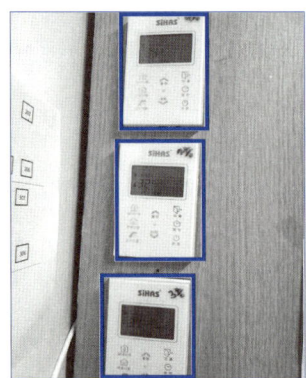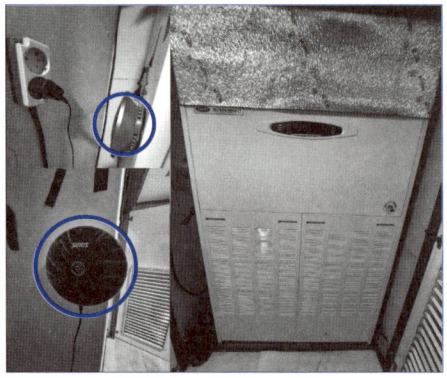

보일러 & 에어컨 IOT 설치

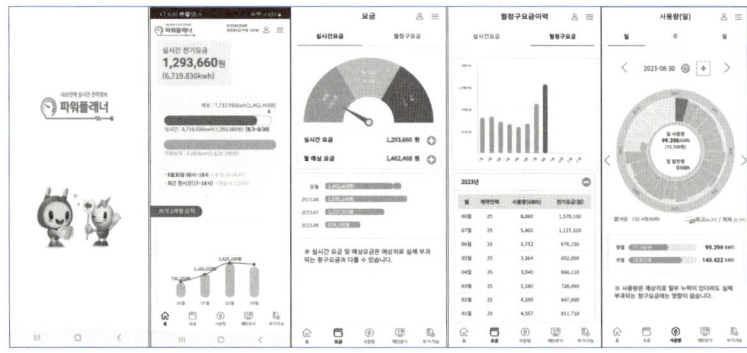

파워플래너 앱을 이용하면 실시간으로 전력 정보가 체크된다.

는 전기를 다시 올리는 방식이라면, IOT는 리모컨 방식으로 아무 때나 수시로 보일러와 에어컨을 컨트롤할 수 있다. 기계의 수명도 더 오래 유지할 수 있다. IOT의 편리함은 직접 사용해보면 알 수 있다(운영하는 고시원이 개별 에어컨이라면 IOT 설치를 하지 않아도 되고, 보일러 모델이 최신이라면 보일러 IOT 기종이 되는 모델인지 확인하여 해당 업체 앱 기능을 활용하면 된다. 이를 활용하기 위해서는 보일러와 에어컨 IOT 제품 설치가 가능한지 미리 모델명을 체크하는 것이 순서다).

도어락과 CCTV가 있어야 진정한 오토

다음으로 오토가 가능하기 위해서 필요한 시설은 도어락과 CCTV다. CCTV는 내가 원내에 없어도 현장의 눈이 되어 방문자에게 도어락 초기 비번을 알려주어 방을 구경할 수 있게 안내를 도와주는 필수 도구다. CCTV 앱을 켜고 방문자를 보면서 안내하고 계약까지 그 자리에서 진행하는 걸 실시간으로 볼 수 있다.

그런데 호실이 모두 나무 문이어서 열쇠로 따고 들어가야 하는 곳이라면? 요즘은 나무 문에도 도어락 설치가 가능하니 가능하면 새로 바꾸어 달고, 그마저도 여의치 않다면 빈방 문을 열어둔다거나 열쇠를 수납장 또는 신발장에 두고 방문자에게 안내하는 방식으로 운영한다. 그래도 궁극적으로는 도어락과 CCTV 설치로 가야 오토 시스템으로 전환이 가능함을 잊지 말자.

단, 도어락 제품을 구매할 때는 버튼 소리가 나는 제품은 피하자. 안 그랬다가는 입실자들이 드나들 때마다 하루 종일 복도에서

삐삐 소리가 끊이지 않게 될 것이다.

한꺼번에 도어락을 교체하게 된다면 설치 기사님의 도움을 받을 것을 권한다. 혼자 하려다 보면 진을 뺄 수 있다. 설치 기사님에게 제품과 같이 개당 인건비 견적을 알아보고 상호 협의해서 진행하면 반나절이면 다 끝난다. 이런 일에는 돈을 쓰라고 권하고 싶다. 돈으로 시간을 사는 것이다. 그리고 방을 채워서 수익을 보는 방향이 맞다.

비대면 방 계약, 이렇게 이루어진다

134쪽 사진은 고시원 내 CCTV와 도어락으로 비대면 계약이 이루어지는 광경이다.

먼저 방을 구하는 손님이 오면 CCTV로 켜서 보고 있다는 것을 알려준다. "검은 가방 메고, 모자 뒤로 쓰신 분이시죠?" 하고 물으면 손님도 내가 자신을 보고 있음을 인지하게 될 것이다.

그런 뒤에는 오토로 방을 볼 수 있도록 설명한다. "212호 도어락에 손을 갖다 대시면 불이 들어옵니다. 비밀번호는 1111*로 설정되어 있습니다. 전등 스위치는 방 문 오른쪽에 있으니 불을 켜고 살펴보시면 됩니다."

이런 식으로 방을 브리핑한다. 손님이 관심이 있다고 하면 구체적인 사항을 안내한다. 개인 침구와 세면도구는 가져와야 된다고 고지하고 월세, 첫달 보증금 등을 알려준다. 손님이 계약을 원하면 입실계약서를 안내한다. 계약서는 주로 책상 위에 올려놓는다.

"책상 위에 입실계약서가 있습니다. 형광펜으로 줄 친 부분을 작성하시고 맨 하단에 서명 날인 후 휴대폰으로 사진 찍어서 저에게 문자로 보내주세요. 입실 요금과 보증금 포함해서 ○○를 입금하시면 계약이 완료됩니다."

이로써 계약이 성립된다. 이때 원장이 유의할 것은, 한 달 내 개인 사정으로 인한 환불은 절대 불가함을 고지하고 이를 녹음파일로 보관하는 일이다. 일단 입실자가 들어오면 이후 해당 방은 다른 사람에게 보여줄 수 없기에, 중간에 입실자가 나가면 한 달치 방값을 받을 기회를 날리는 셈이 된다. 따라서 한 달은 최소한의 기간으로 보장받아야 한다(실제로 입실자가 계약했다가 이틀 만에 고향으로 내려가게 되어 환불을 요청한 경우가 있다. 당시 그 방이 팔리고 이틀 안에 여러 명이 방을 구하러 왔지만 나는 방이 없어서 결국 돌려보냈다. 이 입실자 때문에 한 달 또는 그 이상 거주할 수 있는 사람에게 방을 팔지 못한 것이다).

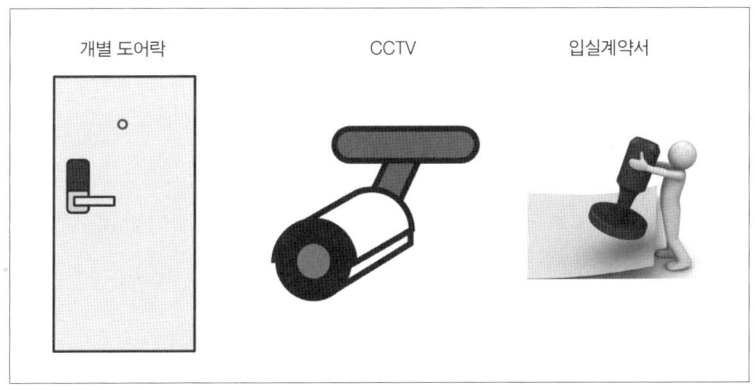

개별 도어락과 CCTV, 입실계약서만 있으면 원격으로도 얼마든지 계약 관리가 가능하다.

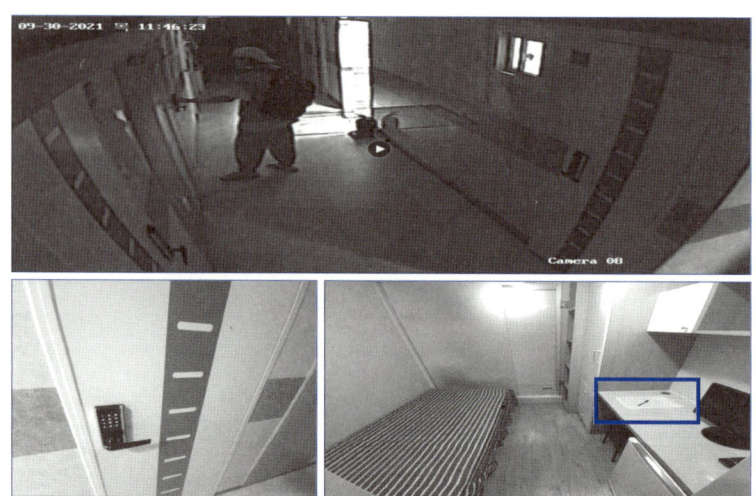

실제 고시원을 방문하여 혼자 도어락을 열어 방을 살핀 후 입실계약까지 완료한 손님

청소 이모님을 부원장처럼

고시원을 처음 시작했던 2020년만 해도, 나는 고시원에 일주일에 두 번 나간다는 생각을 하지 않았다. 내가 첫 번째 인수한 고시원은 송파구 잠실 쪽이고, 내 집은 경기도 일산이다. 지하철로만 2시간, 하루에 왔다 갔다 하는 시간만 4시간이다. 그래서 오늘 나오면 내일 나오지 않는 격일 근무 방법이 없는지 고민했고 그 시작이 일반 쓰레기통과 음식물 쓰레기통의 용량을 큰 것으로 교체하는 일이었다. 당시 고시원의 입실자는 총 29명이었는데 월, 수, 금 정도만 쓰레기를 비워도 된다는 것을 알고 행한 조처였다. 그 후 차차 일주일에 세 번을 나가다가 상황에 따라 두 번을 나가도 되도록 내부 정비가 되기 시작했다.

나는 고시원 운영과 컨설팅, 강의 일을 같이 한다. 2년 동안은 청소 이모님 없이 내 손으로 직접 다 했다(총무는 지금까지 한 번도 고용해본 적이 없다). 운영한 지 2년이 지난 시점에 당근마켓으로 청소 이모님을 찾아 월, 수, 금 청소를 부탁드렸다. 운영하는 고시원이 3개 층이다 보니 월 50만 원에 계약해 일하시는데, 지금은 복도 청소와 쓰레기 비우는 것 외에 세탁세제를 채우고 쌀과 라면 비치하는 것을 요청 드리고 빈방이 나오면 호실당 얼마에 청소해주는 일을 추가하는 조건으로 협의해 일하고 계신다(이때도 아주 오래 살다가 퇴실한 방이나 쓰레기가 많이 남아 있는 방이라면 내가 직접 청소한다).

이후 청소 이모님이 일을 너무 잘해주서서 3개월 후 60만 원, 다음 해로 바뀌면서 70만 원, 2024년 현재는 80만 원을 드린다. 주 3회에 80만 원이 시세에 비해 너무 높은 것 아니냐고 생각할 수 있다. 그러나 나는 그렇게 생각하지 않는다. 청소 이모님이 해주시는 역할이 더 있기 때문이다. 입실자가 실거주확인서를 요청할 경우 청소 이모님에게 사무실에 들어가서 해당 사항을 기재하여 요청한 사람 방 문 앞에 붙여두십사 부탁드리기도 하고, 가끔은 간단한 작업도 그때그때 해달라고 부탁드린다. 세면대 물이 안 내려갔을 때 창고에서 품업을 가지고 와 직접 교체하는 요청을 드렸는데 뚝딱 해주서서 놀란 적이 있다. 그래서 큰 시설 문제가 아니라면 일주일에 한 번, 또는 이주일에 한 번 나가는 일도 있다.

가끔 이모님이 문자로 이것저것 주문해달라고 남기시면 나는 "네~ 부원장님"이라고 웃으며 답한다. 그러면 이모님은 "진급했네요" 하며 얼굴 좀 보자고 답장이 온다. 일반 쓰레기봉투가 없으면 직접 구매해서 영수증을 청구하시는 등 많은 일들을 나 대신해서 해주고 계신다. 그렇게 벌써 1년 반이라는 시간이 지나도록 나의 고시원을 잘 봐주고 있다. 감사한 일이다.

예전 고시원 창업 상담 때 만난 분이 기억난다. 청소 이모님 고용 얘기를 하다가 이모님을 그만두게 하려면 어떻게 해야 하느냐는 질문이었다. 나는 물었다. "비싼 상담료 주고 오셔서 청소 이모님 그만두게 하는 걸 왜 물으시느냐?" 그러곤 사람을 고용할 때는 한쪽 눈 감고 일을 시킨다고 생각하셔야 한다고 말씀드렸다. 청소를 내 마음에 들지 않게 한다면 직접 하라. 내 마음에 100% 맞는 사람을 고르려면 내 일을 도와줄 사람은 아무도 못 찾을 것이다.

입실자 1회 요청 제도와 원내 리더를 활용하자

청소 이모님으로 청소업에서 벗어났다면 여기에 두 가지를 더해 오토 운영 시스템에 가까워질 수 있다. 바로 입실자 1회 요청 제도와 원내 리더를 활용한 경영이다.

먼저 입실자 1회 요청 제도에 대해 설명하겠다.

내가 운영하는 고시원은 4층에 공용 주방이 있다. 택배로 쌀 10킬로그램을 시키면 1층 입구에 두고 간다. 그 외 세탁세제, 라면 박스 등도 마찬가지다. 청소 이모님이 10킬로그램짜리 여러 개를 1층에서 4층까지 들고 나르기는 힘들고, 청소의 영역도 아니다. 그렇다고 가는 데만 차로 1시간 걸리는 고시원을 내가 가기에는 기름값과 시간을 생각하니 효율성이 떨어지고, 내가 운영하는 오토 시스템 취지에도 안 맞았다. 그래서 생각해낸 시스템이 입실자 1회 요청 제도다.

사무실 바로 옆에 붙은 방의 젊은 입실자 A씨는 처음부터 나와 인사를 자주 하고 지냈다. 시간이 맞아 같이 점심을 먹은 적도 있기에, 전화로 부탁을 했다. 10분 노동력에 2만 원 아르바이트를 할 생각이 있느냐고 다이렉트로 물었다. 바로 좋다는 대답이 왔다.

그렇게 해서 1층에 온 10킬로그램짜리 쌀 2개를 4층 주방에 올리는 일과 세탁세제와 라면 박스를 가지고 올라와 각각 세탁실과 2층 창고에 넣는 일을 맡겼다. 끝나고 문자를 달라 하니 10분 뒤 작업 완료했다는 문자가 왔고, 나는 바로 계좌로 2만 원을 송금해 드렸다. 그래서 생긴 것이 입실자 1회 요청, 10분에 2만 원 아르바이트 제도다. 나는 지금도 이 방법이 서로 좋고 편리한 시스템이라고 생각한다.

A씨가 지방에 내려가 있거나 자리를 비우는 일도 있기에 다른 입실자인 B씨와도 관계를 맺고 있다. 입실자 1회 요청의 내부 라인업으로 내게 A씨와 B씨 두 분이 있는 것이다. 만약 밤에 차단기가 내려가는 일이 있다거나 소방이 울리면 이분들에게 먼저 연락해서 부탁하는 관계다. 물론 그에 합당한 사례를, 소액이지만 반드시 한다.

다음은 원내 리더를 두는 일인데, 아마 원내 리더라는 말이 생소할 것이다. 운영 원장님이라면 알아들었을 수도 있다. 고시원의 반 정도 인원은 대개 장기 입실자들이다. 이 중에서도 형님으로 불리면서 사람들이 따르는 원내 리더가 있다. 좋게 말하면 원내 리더이고 부정적인 단어를 쓰면 사조직을 형성하는 주요 인물이 될지도 모르겠다. 고시원 사업이 장사에서 경영으로 넘어가는 시점이 생긴다. 이때는 사람 때문에 웃고 사람 때문에 스트레스를 받는다. 원내 리더와 주변인을 중심으로 내부에 이런저런 소문과 이야기가 돌기도 한다. 이때 원내 리더와 조금 좋은 관계를 유지해두면, 내부의 어수선한 분위기를 파악하고 잠재우는 데 좋다. 말 그대로 원내 리더 아니겠는가. 원장이라는 직함을 내려놓고 내 편으로 만드는 방법을 우선 생각해보라.

그렇게 노력했는데도 고시원 내부를 어지럽게 만든다거나 원장과 계속 안 좋은 감정을 갖는다면 과감하게 그분과는 이별을 선택하는 일도 해야 한다.

운영에는 정답이 없다. 내가 먼저 기준을 세워야 한다. 선을 넘는 행동을 보인다면 더 이상 나도 예의를 갖추기는 어렵다. 오토

운영은 이렇게 시설적인 시스템과 내부적인 시스템 양쪽을 모두 갖추어야 가능함을 잊지 말자.

불편한 이웃은 있다

넘치는 민원, 진짜 불편해서인가 과도한 요구인가? 구분을 해보자면 요구가 넘쳐서 불편한 것이 아닐까 생각한다. 입실자 입장에서 민원은 원장에게 얘기할 수 있는 성질의 것이다. 그런데 상식 이상의 민원이나 너무 개인적인 요구가 지속적으로 계속되니 불편해질 수밖에 없다. 고시원에 여러 사람들이 살고 있으니 여러 민원이 있을 수 있다. 그러나 이때 알아야 할 것은 40개 방에 살고 있는 40명이 모두 민원을 제기하지는 않는다는 사실이다. 잘해봐야 10%인 4명이 민원을 넣을 것이고, 이제 새로 입실한 사람들의 민원이 많을 것이다. 그 말은 곧, 장기 입실자는 말이 없다는 말과 같다.

장기 입실자의 경우는 해당 시설에 이미 예전부터 적응을 한 분들이다. 그분이 일용직 일을 하시든 수급자든 나의 장기 고객이다. 처음 고시원을 생각하는 사람 중에 이렇게 말하는 이들이 있다. "나는 창업하면 정장에 넥타이 매고 깔끔한 신사들만 입실자로 받고 싶다. 그런 분들만 받겠다." 나는 이렇게 답한다. 그 수요는 우리의 타깃 수요가 아니며 설사 있더라도 지방에서 출장 와 단기로 거주하게 되는 고객일 뿐이라고. 고시원은 회전율이 심하면 힘들다. 방이 금세 빠지면 청소도 계속 해야 하고, 공실을 채워야 하는 어려움이 같이 온다.

정장에 넥타이 맨 깔끔한 입실자가 퇴실한 방에 들어갔다가 놀란 적이 있다. 외모는 깔끔한데 방을 너무 지저분하게 사용했던 것이다. 정반대로, 전혀 깔끔하지 않은 외모의 입실자 방을 소방 관련으로 열어본 적이 있는데, 방이 진짜 깨끗해서 놀란 적도 있다. 그분이 처음 입실했을 때보다 더 광이 나도록 바닥을 깨끗하게 사용하고 있는 것이었다. 겉만 보고 판단하면 안 된다는 걸 다시 한번 느끼게 해준 경험이다.

온도 민원 대처법_"온도는 기준이 정해져 있습니다"

겨울철 춥다는 민원을 받은 적이 있었다. 인수받기 전의 원장이 운영할 때는 겨울에 방에서 땀을 흘릴 정도로 더웠는데 주인장이 바뀌고 나니 너무 춥다는 말이다. 내가 운영 중인 고시원은 개별난방이 아니기에 맨 끝 방은 더 추울 수밖에 없고 안쪽에 있는 방은 똑같은 온도의 보일러를 가동해도 더 따뜻하다. 직접 만나서 보니, 한겨울에 반바지에 반팔을 입고 맨발 차림이었다.

완전 초보 원장일 때는 입실자들의 요청에 따라 온도를 올려도 보고 내려도 보고 조절했지만 나는 지금 그렇게 운영하지 않는다. 여러 경험이 나의 운영 방향과 기준을 세워주었기 때문이다. 나는 민원인에게 보일러 가동은 기온에 따라 하고 있으며 본인의 민원만으로 온도를 올릴 수는 없다고 답했다. 공과금 얘기와 입실요금을 더 올리는 상황도 고려해야 한다고도 했다. 자꾸 전 원장 얘기를 하면서 비교하는데, 그러면 전 원장님을 따라서 이동하는 게 좋지 않겠냐는 답도 돌려주었다.

남들은 왜 그렇게 까칠하게 대꾸하느냐고 할지 모르지만, 내 경험상 이상하게도 이런 유형의 입실자는 곧 퇴실하는 경우가 많았다. 아니나 다를까, 한 달 조금 지나자 방도 치우지 않고 연락도 안 한 채 퇴실을 해버렸다. 나에게 여러 번 민원을 제기하는 사람은 '아~ 곧 퇴실하려고 그러는구나'로 판단된다(이 사람의 민원 중에는, 옥상에 빨래를 널어두었는데 오후에 비가 온다니 나더러 빨래를 걷어달라는 일도 있었다. 내가 고시원에 상주하지 않는 것도 아는데 해온 요구였다. 그 외 다른 몇몇 편의도 봐주었는데, 그의 요구는 매번 새로 생겨났다).

방 하나를 더 팔아서 한 달 수익이 올라가면 좋겠지만 나에게 스트레스를 주는 경우라면 나는 차라리 그 방을 비워두더라도 스트레스를 받지 않는 편이 낫다고 마음먹고 운영한다(물론 케이스 바이 케이스라고, 그 사람의 성향을 보며 각자 판단해서 이야기를 하는 것이 좋을 것이다).

소음 민원 대처법_ "고시원은 방음이 안 되니 알아서 결정하세요"

소리에 민감한 입실자가 원에 꼭 한 명씩 있다. 입실 문의하는 손님 가운데 "옆방 소음은 없나요? 저는 알람 소리에도 깨고 예민해서요"라고 말하는 사람들이 있다. 나는 이렇게 답한다.

"여기 고시원은 방음이 잘 안 됩니다. 방음이 잘 안 되니 그래도 감안하고 입실하든지 다른 곳을 알아보세요"라고. 이는 이런 유형의 입실자가 들어오면 어떤 일들과 민원이 생기는지 뻔히 예상되기 때문이다. 그럼 다른 고시원은 방음이 잘 될까? 왼쪽, 오른쪽 방이 다 비어 있는 곳이면 조용하겠지만 옆방에 사람이 들어오면 민원이 쏟아질 것이다. 옆방 통화 소리가 너무 크다, TV 소리가 크다, 화장실 가는 소리가 다 들린다 등등. 그래서 나는 애초에 그분의 성향이 그렇기에 다짐을 받는 것이다.

두 번째 고시원을 운영하고부터 지속적으로 소음에 대한 민원을 넣는 입실자가 있었다. 나에게 전화 대신 문자를 넣는데 그게 거의 논문(?) 수준의 장문이다. 다 읽기도 힘들다. 그냥 옆방이 문 닫을 때 쾅 소리가 심하니 전달을 해달라고 하면 될 것을. 잊어버릴 만하면 다시 문자로 누가 복도를 걸어가는데 슬리퍼 소리가 너무 크다, 복도 지나가면서 큰 소리로 통화를 한다, 새로운 입실자가 온 것 같은데 시끄럽다……. 이사 들어온 지 2시간도 안 되어서 말이다. 박스를 옮기면서 날 수 있는 소리까지도 지적하는데, 장기 입실자여서 웬만하면 거의 들어주고 해결해주며 그렇게 2년이 흘렀다.

그런데 어느 날 또 이렇게 문자가 왔다. "원장님, 지금 밤 12시가 넘었는데 옆방 TV 소리가 너무 시끄럽습니다. 너무 예의가 없어요. 조치해주세요." 나는 이런 경우 막바로 통화를 한다. 시끄러운 소리에 불편하셨겠다, 그런데 밤 12시가 넘은 시간에 이렇게 문자 보내는 사장님은 나에게 예의가 있는 것이냐고. 2년이 다 되어가는데 이게 한두 번의 민원이냐, 여러 사람이 사는 곳에 서로 어느 정도 이해를 하고 사는 게 맞지 않겠냐고 말이다.

그러자 상대는 나에게 화를 내며 언성을 올리려 했다. 그래서 다시 말했다. 나는 사장님 감정의 쓰레기통이 아니다, 화내지 마시라, 나도 화를 못 내서 안 내는 게 아니다, 그 정도 소리가 나면 옆방에 노크를 해서 볼륨을 낮추어달라고 한마디 하면 되지 않느냐고 말이다. 그럼 자기가 감정이 앞서서 큰일이 날 수도 있을 것 같다기에 괜찮다, 그럼 내가 경찰을 불러주겠다고 했다.

그제야 그 민원인은 차분히 감정을 가라앉혔다. 나는 옆방에 불편 사항을 전달하고 크게 듣고 싶으시면 이어폰을 착용하시라 전했다. 그리고 다발적인 민원을 넣은 분에게는 지금부터 저에게 민원을 넣어도 나는 사장님의 기준을 맞출 수 없다, 나에게 소방이나 차단기 문제가 아닌 한은 아침에 문자를 하시라, 이후에도 민원이 계속되면 사장님은 저희 원이랑 맞지 않는 것 같으니 더 좋은 곳으로 옮기시는 게 좋겠다고 답했다.

그 후 어떻게 되었을까? 이분은 아직도 장기 입실자로 지내고 계신다. 민원 문자는 이후로 없다. 나에게 본인의 스트레스를 푸는 사람을 원장이 받아줄 필요는 없다. 우리는 고시원 창업으로 수익과 시간을 얻으려 하는 것이지 어느 누구의 감정의 쓰레기통이 되고자 하는 것이 아님을 명심하고 대응했으면 한다.

냄새 민원 대처법_"더 비싼 고시원으로 가는 수밖에 없습니다"

미니룸을 운영하는 원장님이라면 방 내 화장실 냄새는 크게 민원이 없을 것으로 본다. 혼합룸, 원룸을 운영하는 곳 중 화장실이 있는 방에서 하수구 냄새가 올라올 수 있다. 방이 오래 비어 있어 물을 사용하지 않아 악취가 올라온다거나, 지은 지 오래된 고시원은 배관이 좁아 더 그럴 수도 있고, 하수구에 기름 덩어리들이 있어 그렇기도 하고, 사용하는 화장실에 본인이 청소 한 번 안 한 경우도 그럴 수 있을 것이다.

여자 입실자로부터 냄새 민원이 와 화장실을 점검했다. 하수구 뚜껑을 열어 닦고 락스를 부은 다음 뜨거운 물을 5분 정도 흘리면 찌든 때가 내려가기에 그렇게 작업하고 트랩도 설치했다. 원장인 내가 해줄 수 있는 사항은 다 해줬다고 본다. 그런데 며칠 뒤 그래도 냄새가 계속 올라온다, 너무 심하다는 민원이 왔다. 다시 방문해서 방을 열었는데 개인적으로는 그렇게 심하다고 느끼지 못했다.

생각해보라. 어떤 걸 더 해줄 수 있겠는가? 만약 복도에 냄새 나는 물건이 있었다면 치우게 해줄 수 있고, 주방에서 냄새가 심한 요리를 하는 분이 있다면 환풍구를 켜고 얼른 조리하고 가능하면 그런 요리를 자제해달라고 할 수 있지만, 하수 배관에서 올라오는 냄새의 기본 조치를 다 했음에도 무언가 더 문제 제기를 하는 사람에게 말이다. 건물을 내가 지은 것도 아니고 더 해드릴 수 있는 게 없다.

이분 역시 내가 편의를 많이 봐준 입실자였다. 본인이 일 때문에 방을 3개월 비워야 하는데 짐을 뺐다가 다시 옮기면 이사 비용도 들고 짐 맡기는 비용도 드니까 편의를 봐달라기에, 방 가격을 할인해서 3개월을 짐만 놓은 채 지내게 해드렸다. 어쨌든 방을 비워두는 거라 나는 수익률이 떨어지는데 하도 사정을 하고 부탁해서 내가 제시한 70% 가격도 아니고 본인이 주장한 50%만 받고 해주었다. 오래 실랑이하고 싶지도 않았고, 오래 산다고 해서 결국 좋은 마음으로 반 가격에 편의를 봐주었는데, 이런 식으로 민원을 지속적으로 제기해왔다.

자신이 받은 편의에 따른 배려나 이해 따위는 전혀 없다. 개인 사정과 상황을 양해해준 것은 아랑곳없이 자신이 불편한 것만 거침없이 표현하고 과도하게 요구한다. 고급 호텔도 아닌데, 한 달에 30만 원 후반을 내는 고시원에서 내가 할 수 없는 걸 요구한다?

나는 바로 건너편 월 1천만 원에 월세 80만 원인 오피스텔로 이사하시는 게 좋겠다, 그곳이라면 하수 배관 냄새가 나지 않을 것 같다고 말했다. 이분 어떻게 되었을까? 장기 입실할 것이라며 석 달간 반값만 내고 지내더니 두 달 뒤에 퇴실했다. 그래서 지속적인 민원을 넣는 입실자는 내게 스트레스도 주지만 오래 있을 사람이 아니구나, 이제 곧 나가겠구나 하는 판단을 해버리는 것이다(고시원 운영하면서 알게 된 불편한 진실 또 하나는, 가격대 낮은 방에 사는 분들이 가격대 높은 방에 사는 분들보다 민원도 더 많이 넣고 서비스도 훨씬 많이 챙긴다는 사실이다).

실내 흡연 사례 대처법_"모든 층의 문을 예외 없이 개방한다"

실내 흡연은 고시원에 고질적으로 발생하는 문제다. 또 운영하는 내 입장에서도 아주 중요하고 예민하게 받아들이는 문제다. 화재와 연관될 수 있는 사항이기 때문에 그렇다. 보통 새로 입실한 사람, 문화가 다른 외국인의 경우 흡연 문제가 발생한다. 원내 24시간 총무가 있지 않다면 바로 흡연한 방을 찾기는 어려울 수 있다. 그렇다고 주의해달라는 공지 문자만 보내고 말 것인가?

나는 실내 흡연만큼은 강력하게 대응한다. 계약서에도 화재와 관련한 사항, 소방 관련은 입실자의 동의 없이 방 문을 개방할 수 있다는 조항을 달아두었다. 어느 날 새벽 누가 방에서 담배를 피우는지 환풍구를 통해서 담배 냄새가 들어온다는 민원을 받았다면, 해당 층 전체 입실자들에게 내일 모든 방의 문을 개방해서 확인하겠다는 단체 공지 문자를 보낸다. 그런 뒤 다음 날 아침 고시원에 출근하자마자 해당 층의 모든 방 문을 다 개방한다. 도어락은 입실자가 문의 비밀번호를 바꾸었더라도 설치할 때 나만 열 수 있는 마스터 번호를 입력해둘 수 있기에 얼마든지 개방이 가능하다.

실내흡연 민원이 오면, 나는 일부러라도 모든 방을 열 수 있다는 것을 보여준다. 다음 날 또 그런다? 또 민원이 들어왔다면 나는 다음 날 똑같은 방법으로 문자를 보내고 가서 방을 다시 다 연다. 비흡연자와 범인이 아닌 사람은 불편할 것이다. 그러나 한편으로는 화재와 연관된 사항이라 원장이 꼼꼼하게 관리한다는 인식도 심어주게 될 것이다.

실제 여러 번 담배를 피운 방은 벽지에 냄새가 배어 찾을 수 있게 되거나, 계속된 방 문 개방으로 불편해져 나가서 피우는 길을 택한다. 문을 열어 한 방씩 확인하고 있으면 입실자들이 웅성거리는 소리가 내 귀에 들린다. 귀찮다라는 말보다는 "대체 누가 방에서 담배를 피우는 거야?", "담배를 왜 피워서 이런 일을 만드는 거야?"라는 말들이 들린다. 실내 흡연자에게 여기서는 방에서 담배를 피우면 이렇게 된다는 사실을 직접 보여주고 조치하는 것이다.

편의시설로 차별화 전략을 꾀하라

고시원은 이제 공부하는 공간에서 주거 공간으로 인식이 많이 바뀌었다. 주거 공간이라면 편의시설이 매우 중요해질 것이다. 인테리어와 편의시설은 다른 개념이라고 생각할 수 있지만, 결국 운영자의 입장에서는 가치를 올려 평균 방 가격을 인상하는 데 목적이 있다고 본다. 고시원은 자고, 먹고, 휴식을 취하는 곳인데 편의시설이 잘 갖추어졌다면 다른 고시원보다 경쟁력을 확보할 수 있지 않을까?

고시원의 편의시설로는 세탁기와 건조기, 전자레인지, 넷플릭스와 왓챠 등의 OTT 서비스 등을 추천한다. 통돌이 세탁기만 있는 원의 경우는 건조기를 새로 놓는 방법을 많이 생각한다. 이때도 코인 건조기냐 그냥 건조기냐가 관건이 될 것이다. 자기 돈 넣고 하는 코인 건조기는 편의시설인가? 나는 무료 건조기를 설치하는 게 좋다고 얘기한다. "그럼 밤낮으로 계속 건조기가 돌아가고 달랑 티셔츠 하나 넣고 돌리는 사람도 생길 텐데, 그 전기료는 어떡하냐?" 이렇게 물어온다면, 그 문제는 편의시설을 제공한 후 운영으로 다져나가야 할 문제라고 본다고 답한다.

방이 큰 경우, 화장실 쪽으로 파이프를 넣어 공사한 후에 건조 겸용 세탁기를 설치해 방의 가격을 올리는 곳도 있고, 방마다 전자 레인지를 설치해주는 곳도 이제 제법 많이 보인다. TV 볼 때 다양함을 더하기 위해 넷플릭스, 왓챠 등이 가능하고, 인터넷도 광랜으로 설치한다. 각방 개별 셋톱과 와이파이 가능, 실내 한 공간에 스타일러를 놓고 스타일러 있는 고시원이라고 홍보하기도 한다.

고시원에 따라 쌀과 라면을 빼고 시리얼과 원두커피, 토스트 등을 제공하는 곳도 있으며, 반대로 어떤 곳은 밑반찬 등을 서비스하는 곳도 있다. 요즘은 전세 사기니 뭐니 해서 말도 많고 탈도 많은데, 예전 미니룸을 인수해서 인테리어하고 여성 전용 고시원으로 운영하는 곳들도 있다. 여성들만 모여 안전하고, 전세 사기 위험도 없으며, 보증금이 적고 입퇴실이 자유로워 인기가 높다. 게다가 에스원/세콤 출동 서비스에 청결을 위한 세스코까지 등록해놓으면 확실한 차별화가 될 수 있다.

사실 방 가격을 올리기 가장 좋은 방법은 쌀, 라면 제공이 아니라 '식사 제공'이 아닌가도 싶다. 예를 들어 월, 수, 금마다 국, 찌개가 바뀌고 반찬도 냉장고에 1인 호실별로 채워두면? 외부에서 식사하면 아무리 못해도 7천~8천 원은 하지 않나? 말이 비단이라고 했던가? "우리 고시원은 아침, 점심, 저녁 다 드셔도 됩니다", "도시락 싸가셔도 돼요" 이렇게 말하는 원에 정이 안 갈 수는 없을 것이다.

그러나 이런 서비스를 늘린다고 기존 35만 원 했던 방 가격을 45만 원으로 올리고 보증금도 5만 원에서 10만 원으로 변경된다고 고지하는 곳도 있다. 이것은 판단 미스다. 어떤 서비스든지 나의 상황에 맞게 운영하는 것이 우선되어야 하고, 입실자 입장에서 제공되는 것이 말 그대로 편의가 되어야지 나만의 만족이 되어서는 안 된다.

[고시원킹의 스페셜 케어 4] – 가장 많이 발행하는 시설 민원 해결법

누수

누수, 방수, 결로 문제가 자주 발생할 수 있다. 옥상에서 문제가 생기면 건물주와 협의하여 건물주가 처리하도록 요청하겠지만, 내가 운영하는 층 아래 다른 임차인에게 피해를 주었다면 그건 내가 처리해야 한다. 배관이 터져서 물이 샌다면 누수 탐지를 해야겠지만 비용이 만만치 않다. 보일러 온수 배관이 삭아서 물이 샐 수도 있다. 아래층에 물이 떨어진다면 물이 떨어지는 우리 층에 무엇이 있는지 확인해보라. 화장실이라면 변기 테두리, 모서리 부분, 하수구 사각 판(육가라고 한다)을 덮는 옆 틈을 살펴라. 그쪽에 백시멘트가 깨지면서 물이 들어가지 말아야 할 안쪽으로 들어가 고이면서 아래층으로 물이 떨어지는 경우도 발생한다. 그때는 위층 욕실에 방수 처리를 해야 한다. 방수 제품(탄탄방수 등)을 직접 하는 원장도 있고, 업체를 불러 처리하는 경우도 있다.

방수

원룸형 방과 화장실 사이 경계선으로 물이 올라오는 것을 보았다면 방수 처리가 잘 안 되어 욕실 물이 방으로 넘어오는 것이라 봐야 한다. 이때는 끝 쪽 라인에 실리콘 작업 & 방수 처리를 해서 막아두어야 한다.

결로

겨울철 끝 방에서 많이 생기는 현상이다. 건물 안은 따뜻한데 외부는 영하로 떨어지기에 생기는 현상이다. 결로가 심하면 벽지에 곰팡이가 피거나 벽지가 물에 젖을 정도로 흥건해지다가 방바닥까지 물방울이 떨어져 고이기도 한다. 그렇게 되면 벽지를 다 떼어내고 곰팡이를 제거한 후 말린 다음에, 시중에 파는 결로방지제(페인트)를 사서 벽에 여러 번 바른 다음에 말리고, 다시 바른 다음에 말리고 하면서 덧발라준다. 방수 처리를 하는 것이다. 그다음 새로 벽지를 붙이고 환기를 자주 시켜주면 해결된다.

주방 싱크대, 세탁실 막힘

보통 주방 아래 물이 역류하는 현상은 라면이나 짬뽕 같은 기름기 많은 국물, 프라이팬에 남은 기름 등을 그대로 싱크대로 버려서 이것들이 모두 덩어리가 되어 배관 안쪽을 막고 있기에 나타나는 현상이다. 배관 청소 업체를 알아보는 건 어렵지 않지만 처리하는 노하우는 알아두는 게 좋다. 긴 호스를 넣어 기름 덩어리를 갈아서 없애는 식으로 해결하는데, 이때 갈린 것들이 내려가면서 어딘가에서 뭉쳐 다시 막히는 걸 경험한 적 있다. 그래서 업체에 요청할 때는 기름 덩어리를 빠짐없이 빨아들이도록 당부해야 한다.

보일러 A/S

보일러 가동을 시작해야 하는데, 설치한 지 오래된 것이라면 문제가 발생할 수 있다. 가장 쉬운 해결 방법은 고객센터에 전화해 보일러 컨트롤러에 뜨는 코드 번호를 불러주고 고장 원인을 묻는 것이겠지만, 검색을 하면 무엇이 문제인지 셀프로 체크해볼 수 있다.

일례로 '경동나비엔 오류 코드 & 오류코드 03'을 검색해보자. 그럼 이렇게 나온다.

03코드. 가스점화가 되지 않는 경우(셀프 처리할 수 있는 것)

1. 가스밸브가 잠겨 있는지 확인하기(잠겨 있지 않다) 2. 가스레인지를 켜서 가스가 공급되는지 확인하기(인덕션을 사용해서 확인할 수 없다) 3. 보일러 아래쪽 가스관의 밸브가 잠겨 있는지 확인하기(잠겨 있지 않다) 4. 보일러 전원코드를 뽑았다가 다시 켜보기(달라지는 게 없다. 그럼 셀프로 더 확인 할 수 있는 건 없다)

이런 결론이 나오면 A/S 접수를 한다. 나 같은 경우는 보일러 교체 전에 온수 점

화플러그가 고장 나서 수리를 맡긴 적도 있었고 교체한 보일러인데 다음 날에 온수가 안 나오기에 셀프로 확인했다가(03번) 가스관 밸브가 잠긴 것을 발견한 적도 있다. 내가 잠그지도 않았는데 왜 그런 걸까? 고장이 나니까 자동으로 밸브가 자동으로 잠겼다, 풀렸다 하는 현상이 저절로 일어나고 있었다. 이건 직접 교체할 수 없고 예스코(해당 도시가스) 측에 연락해서 교체를 해주어야 한다.

개별 에어컨

총 3개 층의 고시원 중 2~3층은 덕트로 되어 있고 4층은 개별 에어컨이 설치된 곳이었다. 여름철 어느 날 입실자가 에어컨이 안 된다고 해서 급히 나갔다. 리모컨을 켜자 송풍구는 열리는데, 위아래로만 움직일 뿐 바람이 나오지 않았다. 해당 회사에 연락하니 A/S 접수가 밀려 일주일 뒤에나 기사와 예약 날짜를 조율할 수 있다고 한다. 돈이 문제가 아니라 무더위에 방 안이 찜통이니 사설 에어컨 수리하는 곳을 알아보았다. 그런데 그들도 다 바쁘고 현장도 보지 않은 채 실외기 고장일 것 같다는 답변만 얻었다.

리모컨 건전지도 교체해보고 이걸 어떻게 해야 할까 잠시 고민하다가 혹시나 몰라서 여분의 리모컨을 가지고 다시 한번 작동을 눌렀더니 되는 것이다! 어처구니가 없고 한편으로는 다행이라는 생각도 들면서 처리한 경험이 있다. 우리가 전자 제품이 안 되면 코드를 빼고 다시 꼽아보는 걸 해보는 것처럼, 개별 에어컨 고장에는 이런 원인도 있다는 것을 염두에 두면 좋겠다.

침대 교체 주기

침대의 교체 주기는 정해져 있지 않다. 매트리스를 지탱하고 있는 발통이 망가지거나 부러지면 발통만 사서 교체해주면 되는데, 전체 교체는 스프링이 꺼진 경우다. 입실할 때부터 문제가 있다면 당연히 교체를 해준다. 그러나 사용 중에 스프링이 무너졌거나, 본인의 사정에 따라서 스프링이 탄탄하지 않아 허리가 아프니 교체해달라는 입실자도 가끔씩 나온다.

초보 시절 운영할 때는 말없이 바꿔주곤 했는데 그럼 옆방도, 그 옆방도 소식을 듣고 같은 요구를 해온다. 침대 하나에 7만~12만 원 정도 한다. 다 바꿔주면 비용상 무리다. 나는 두 가지 방법으로 제안해서 해결한다. 스프링이 내려간 것 같아 허리가 아프다고 하면 침대를 돌려서 사용하라고 얘기하고, 교체를 원한다고 하면 5 대 5(12만 원이라면 원장 6만 원, 입실자 6만 원)로 제안한다. 고장 나지 않았는데도 냉장고, TV, 의자 등 비치가 되어 있는 물품의 교체를 요청할 때는 같은 방법으로 제안하고 처리한다.

> 6단계 온라인 마케팅

알려지지 않으면
찾지 않는다

내가 생각하는 온라인 마케팅이란?

나는 고시원 창업 전 7년 동안 온라인 마케팅 담당 업무를 했다. 내가 생각하는 온라인 마케팅이란 '네이버'라는 바다에 내가 운영 중인 (지역) 고시원이 끊임없이 보이게 하는 것이라고 생각한다. 해도 해도 부족한 것이 광고다.

한 원장님으로부터 "제가 운영하는 고시원의 입실자들은 연령이 50대 이상이어서 검색으로는 잘 안 찾으러 오는 것 같아요. 그래서 저희는 입간판 홍보만 해요"라는 말을 들은 적이 있다. 과연 그건 누구의 생각이고 판단이며 데이터일까? 정확한 정보가 맞는지 하는 의문이 든다.

50대 이상인 분들도 스마트폰을 다 가지고 있는데, 네이버 검색창을 이용해서 강남 고시원 정도도 검색을 못 할 거라고 무시하는 발언 아닌가? 어느 구름에 비 들어설지 모른다. 그래서 고시원을 운영할 때 광고할 수 있는 모든 영역에 하는 것이 결국 기본적인 세팅이라고 난 생각한다. 고시원업을 하다 보면 플레이스(지도 영역), 룸앤스페이스, 고방 등의 홍보 업체 얘기를 듣게 될 것이다. 플레이스는 네이버에서 운영하는 지도 영역이고, 룸앤스페이스는 네이버가 고시원, 고시텔 영역에만 독점권을 준 곳이다. 국내 검색 시장의 판도는 네이버로 굳어진 지 오래다. 따라서 이번 글에서는 네이버를 중점에 둔 마케팅 전략을 설명해보고자 한다.

네이버라는 바다에 고시원이라는 배 띄우기

다음 그림은 모바일 버전의 네이버 화면이다. 평소 우리는 이 검색창을 단순히 검색하는 입장에서만 생각해왔을 것이다. 그러

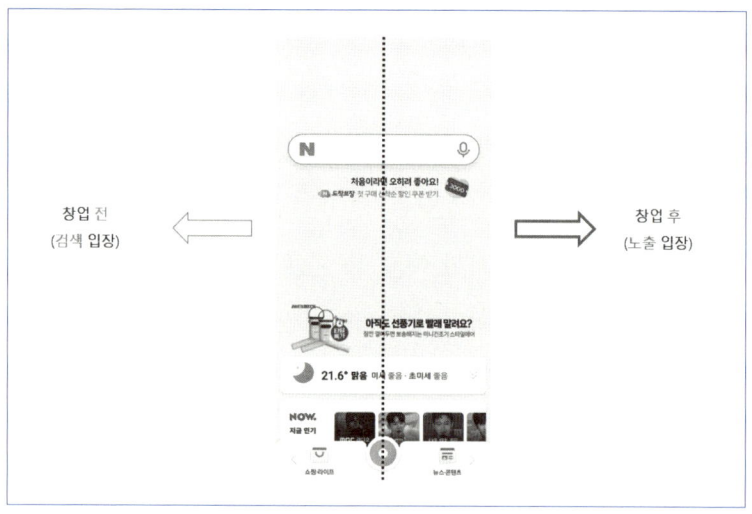

나 창업을 했다면 이제 발상은 달라져야 한다. 노출을 시킬 수 있는 무기로 생각을 전환해야 한다.

우리가 흔히 '강남 맛집'이라는 검색어로 검색하면 최상단에 각 사이트 홈페이지들이 순서대로 보인다. 이 순서가 네이버 파워링크 영역으로 '광고'의 영역이다. 광고를 클릭할 때 광고주가 비용을 지불하는 방식으로 운영되며 기본 단가는 70원(vat별도)이다. 파워링크는 순위 경쟁입찰을 광고관리 시스템에서 조절하여 순위 입찰을 넣을 수 있는 등 사업체가 스스로 예산을 책정하도록 유연한 가격 구조를 제공한다. PC는 1~10위까지 한눈에 보이지만 모바일의 경우 보통 4위까지만 메인에 노출시켜주고 나머지는 '더보기'를 해야 볼 수 있다. 그래서 4위와 6~7위 입찰가가 많이 차이 난다. 그다음은 플레이스 영역, 블로그 영역, 비즈사이트[파워링크(1~10순위) 11~15위까지를 말한다.

키워드	현재 설정	새로운 설정
가락시장고시원	[기본] 70원	5,590원
노량진고시원	[기본] 70원	1,500원

2024-02-07 검색 기준

위 표는 두 가지 파워링크 키워드 예시다. 가락시장고시원을 파워링크 1순위로 설정 입찰하면 클릭 한 번의 비용으로 5,590원이 차감된다는 뜻이다. 부가세 별도이니 클릭당 6,149원이고, 10번 클릭한다면 61,490원으로 순식간에 6만 원이 넘어간다. 그래서 네이버 파워링크는 광고주에게 일일 예산 한도를 설정할 수 있는 옵션을 제공하여 광고주가 지출을 통제할 수 있도록 한다.

가락시장고시원의 키워드가 예전보다 더 높아진 건 아마도 신설한 고시원들이 많아 상위 키워드 순위 경쟁이 심하기 때문일 것이다. 방 가격도 일반 고시원에 비해 높고, 신설끼리 광고 경쟁도 치열하기에 입찰 순위를 계속 더 올려 1순위 비용이 5천 원 중반대까지 올라가고 있는 것으로 보인다. 그럼 노량진고시원은 상대적으로 저렴한가? 비용으로 보면 그럴 수 있지만 노량진은 수요도 많고 공급도 많은 지역이다.

이 수치를 보면, PC 월평균 조회수와 모바일이 다른 것을 알 수 있다. 예측하건대 고시원을 찾는 사람들의 대부분은 모바일로 검색을 하기 때문일 것으로 추측된다. 고시원을 운영하다 보면 알겠지만, PC는 고시원 전문부동산에서 매물을 PC버전으로 찾아 연락하기 위해 검색하는 양이 아닐까 짐작된다. 모바일 검색량 8천여 건이 고시원 수요자의 검색량이라고 보는 게 더 정확할 것이다.

그럼 노량진고시원 키워드 1순위 가격에 조회수가 모두 내 것을 눌러보지도 않을 것이고 그렇다고 해도 일 예산을 버틸 수 없을 것이다. 따라서 이 두 가지 정도는 이해하고 창업을 생각하면 도움이 될 것이다.

광고를 하는 것보다 중요한 건 '어떻게' 하느냐다

나는 현재 서울 신당동에서 고시원을 운영 중이지만 파워링크 검색 키워드가 200개가 넘는다. 한 번은 어느 원장님이 자신도 파워링크 광고를 하고 있는데 통 연락이 안 온다는 고민을 털어놓았다. 계정 정보를 받아 확인해보니 70원 광고 뒤쪽으로 보이지도 않고, 키워드도 10개 미만으로 하고 있었다.

광고를 한다, 안 한다가 아니라 어떻게 광고를 운영하고 있는지가 매우 중요하다. 파워링크로 노출시켰다면 그다음은 플레이스 영역 기본 등록과 룸앤스페이스 영역에 노출시키고, 블로그 운영+광고와 1인 주거플랫폼 고방 유료 광고를 하는 것이 기본 세팅이다.

내가 신당동에서 장사를 한다면 파워링크는 1순위 또는 상위에 무조건 보여야 한다. 그 비용이 클릭당 2천 원이든 4천 원이든 해야 한다. 억 대의 권리금과 보증금을 들여서 창업해놓고 고작 몇십만 원을 광고비로 쓰는 게 아깝다고 하는 건 어불성설이다.

실제로 방이 2~3실 빠져 있으면 '굳이 뭐 하러 돈을 써?'라고 생각할 수 있다. 그러나 방 가격도 공실이 나면 깎아주는 운영 방법을 쓰는 게 공실로 놔두는 것보다 낫듯이, 방을 채우는 데 광고가 도움이 된다면 마땅히 지불할 의사가 있어야 한다. 호텔도 방이 안 차면 할인 행사를 하고 홍보를 한다. 고시원도 마찬가지다. 공격적인 자세로 적극적으로 광고할 필요가 있다.

광고는 고시원 시작 때부터 세팅해두는 것이라 생각하고 방이 다 차서 웨이팅까지 생긴다면 기존 방 가격보다 올리는 기회로 삼자. 민원이나 스트레스 주는 입실자에게 더 당당해질 수 있는 원동력은 그 방이 빠져도 얼마든지 다시 채울 수 있다는 자신감이다. 이때 광고는 그 자신감을 주는 핵심 역할을 한다는 걸 잊지 말자.

온라인 마케팅 활용하기

온라인 마케팅으로 활용할 수 있는 도구는 네이버검색광고 파워링크 검수등록 후 노출, 스마트플레이스 무료등록, 블로그 노출, 크몽 활용, 룸앤스페이스 광고, 고방 등이다.

NAVER 파워링크 검수 등록 방법 (사업자등록증 발급 후 가능)

1. NAVER PC화면 하단 - 네이버 비즈니스 클릭

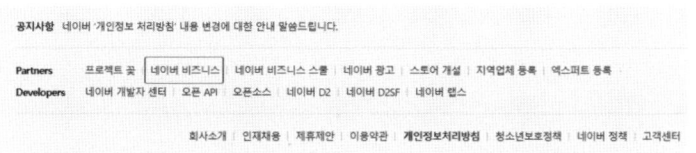

2. 검색광고 클릭하면 로그인 해야 하는데 사업자로 등록을 해야 하기에 신규가입을 통해 네이버 통합 광고주센터 회원 가입을 먼저 해야 한다. (로그인 후 내정보 클릭하면 가상계좌 발급 받을 수 있다)

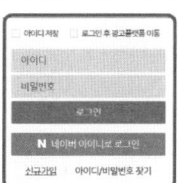

3. 광고만들기 - 파워링크 유형 - 광고그룹 이름은 운영자가 보기 편리한 것으로 입력
URL 경우 사이트 링크, modoo 홈페이지, 블로그 포스팅 한 링크 준비 필요

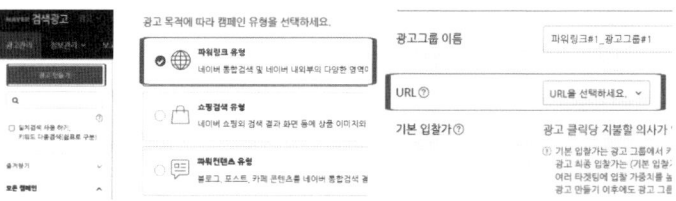

4. 선택한 키워드는 검색 시 보여지기 위한 키워드이며, 제목은 상호명, 설명은 내 고시원 소개하는 문구 및 위치(지하철명 도보 몇분 등 기재), 확장소재 탭을 통해 추가 영역을 설정 할 수 있다.
* 블로그 URL경우 "표시URL"은 메인 블로그 주소 입력하고 "연결URL경우" 포스팅 주소 입력 *

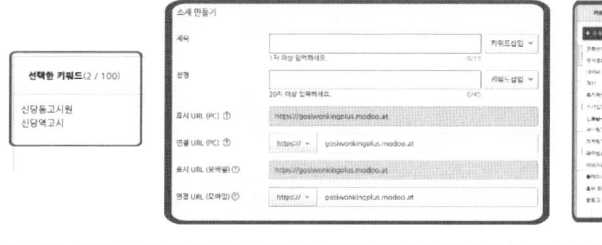

작성 검수 요청 완료 하였더라도 발급 받은 가상계좌에 충전금이 입금 되어 있어야 검수가 시작 된다.

네이버 파워링크 검수 등록 방법

NAVER 스마트플레이스 무료 등록 방법 (사업자등록증 발급 후 가능)

1. NAVER PC화면 하단 - 지역업체 등록 클릭

2. 업체 신규 등록 하면 되지만 신규 경우 등록 검수 기관이 영업일 기준 7일 정도 소요 되기에 이전 운영하던 플레이스가 보통 있기에 업체 찾기 통해 권한을 나의 계정으로 가지고 온다.

3. 좌측 아래 3가지 조건 중 선택 (업체명으로 조회하기) _ 기존 등록 된 상호 풀네임 입력하면, 조회 정보 업체가 확인 된다. 주인 변경 신청은 ARS 또는 사업자등록증 서류로 가능하다.

4. 변경 절차가 완료 되면 나의 NAVER 계정으로 내 업체 1 플레이스 권한을 가지고 오게 된다. NAVER 로그인 후 지역업체 등록을 클릭해보면 업체 신규 등록, 업체 찾기 아래쪽 확인 가능하다.

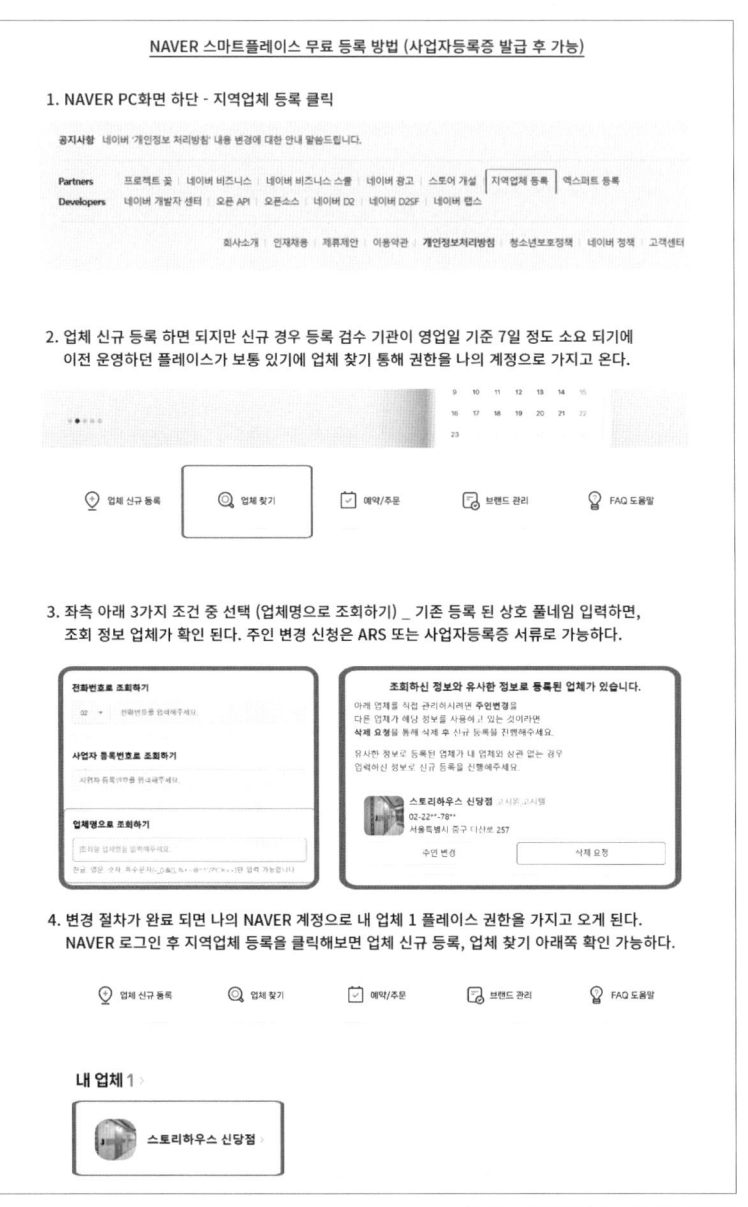

네이버 스마트플레이스 무료 등록 방법

1. 룸앤스페이스 플레이스 영역(모바일최적화) 고시원. 고시텔 키워드만 네이버에서 독점을 받아 운영하며 고시원 홍보가 가능하다. 파트너 전용사이트 가입 후 빈방 등록 1건은 무료이다.

2. 고방 접속 후 우측 하단에 더보기 클릭 - 사장님 사이트 바로가기(지점을 등록해보세요) 클릭 - 운영 고시원 기본 정보를 등록 후 유료 결제 진행하면 고방 앱에서 검색 시 광고가 진행 된다.

3. 크몽 경우 카테고리 전문가를 쉽게 찾아 편리하게 요청을 할 수 있다. 홈페이지 제작을 한다거나 마케팅 영역을 통해 홍보를 해줄 전문가를 찾아 진행이 가능하다.

룸앤스페이스, 고방, 크몽을 활용한 광고 노출 화면

고시원킹의 실전 어드바이스 10

광고에 올릴 사진을 찍을 때는 이렇게 하자

1. 무조건 고시원에서 제일 넓은 방을 찍는다.
2. 웬만하면 깨끗하게 도배를 한 뒤에 찍는다.
   - 도배를 안 할 경우에는 오염된 벽지 부분을 포스터로 가리거나 조명으로 가린다.
   - 머릿기름은 보통 노란색이므로 방의 불을 끄고 노란색 조명을 켜면 티가 잘 안 난다.
   - 실제로 오른쪽 사진을 보면 정면에 벽지가 2개이나 베개로 가려서 티가 잘 안 나며, 왼쪽 벽지는 머릿기름으로 오염이 됐으나 조명 때문에 잘 안 보이는 것을 알 수 있다.
3. 소품은 너무 유명한 것이나 브랜드 로고가 들어간 것은 피한다.
   - 태블릿 PC나 노트북은 어쩔 수 없지만 너무 유명한 브랜드 로고가 들어간 것들은 고급스러운 이미지를 주기도 하지만 그 소품에 시선이 뺏길 수 있다.
   - 소품을 사용할 경우엔 클로즈업 샷보다는 멀리서 찍어서 분위기만 살리는 용도로 쓴다.
4. 콘셉트를 분명하게 정한다.
   - 남성 전용일 경우 쿨톤, 여성 전용일 경우 웜톤, 혼합일 경우 여유가 되면 다른 콘셉트로 각각 두 컷 찍으면 좋다. 하나를 골라야 한다면 쿨톤을 추천한다. 이유는, 남자 손님이 더 많으니까.
   - 콘셉트 없이 예쁘다고 마구 사면 인테리어했을 때 조화가 안 될 수 있으니 콘셉트에 맞게 조화될 만한 것들로 산다.
5. 다양한 각도에서 찍는다.
   - 예쁜 각도 하나 찾았다고 계속 그 각도로 찍어서 올리면 도배하는 것처럼 보인다.
   - 다른 각도에서 찍어야 같은 방도 다른 방처럼 보인다.

6. 많은 사람한테 보여주고 조언을 구한다.
- 사진엔 정말 정답이 없다. 전문가도 본인의 사진 스타일이 있으며, 자기 눈에 예뻐도 다른 사람 눈에는 안 예쁜 경우도 많다. 너무 본인 스타일로 찍기보단 여러 사람이 좋아할 만한 스타일로 찍는다.

3장

현장 학습

사례에서 길어 올린
프로 원장의 조건 7

황금알을 낳는 거위에서
출발하고 매진하라

고시원이 황금알을 낳는 거위라고?

우리는 SNS, 유튜브, 블로그 등을 통해 고시원 사업에서 성공했다는 사람들의 정보를 쉽게 접한다. 공격적인 마케팅과 열정으로 안정된 수익을 내고 있다는 사례담은 지금도 여기저기에서 양산되고 있고, 몇 번의 클릭과 검색만으로도 많은 사례를 찾아볼 수 있다. 이 성공의 주인공들은 비슷비슷한 이야기를 들려준다. 일하는 시간 대비 이익이 높다는 점과 안정된 수익구조를 보장받는 것, 그리고 직장을 다니면서도 병행할 수 있다는 점 등. 이런 이야기를 듣다 보면 고시원에 투자를 안 할 이유가 없어 보인다.

'고시원킹'으로 활동한 지 올해로 3년 차에 접어들었다. 그래서 상담과 컨설팅부터 사소한 질문까지 내게 물어오는 이들이 많아졌다. 만약 누군가 내게 "고시원이 황금알을 낳는 사업이라면서요?"

라고 묻는다면, 나는 1초의 망설임도 없이 "그렇기도 하고 아니기도 하다"라고 말한다. 이 질문은 포인트가 잘못되었다. 방점은 황금알에 있지 않고 내가 키우는 거위가 낳는 알이 과연 황금알인지 아닌지 하는 데 있기 때문이다. 그래서 고시원은, 정확히 표현하자면, 황금알을 낳는 사업이 아니라 황금알을 낳는 거위를 '키우는 사업'이라고 나는 덧붙인다.

거위라고 다 같은 거위가 아니듯

닭이 먼저인지 달걀이 먼저인지 알기는 힘들어도, 황금알이 먼저인지 거위가 먼저인지 우리는 명확히 알 수 있다. 같은 거위라도 어떻게 키우느냐에 따라 황금알을 낳기도 하고, 일반 알을 낳기도 하기 때문이다.

만약 고시원 사업에 뛰어들 작정이라면 일반 거위가 아니라 '황금알'을 낳는 거위로 만드는 것이 관건이다. 그렇다면 어떻게 해야 이런 특별한 '거위'로 키울 수 있을까?

나는 '기본'을 강조하고 또 강조한다. 일련의 과정을 원장 스스로 하겠다는 다짐, 사계절을 지나는 동안 계절별로 체크하고 주의해야 할 일들을 빠짐없이 메모하고 온갖 민원에 시달려보면서 어려운 일들을 헤쳐 나갔을 때, 그제야 그 특별한 거위가 온다는 것을 체감으로 알기 때문이다.

보는 것이 힘이다

어느 원장님의 사례다. 1년 내내 거의 만실을 채우고, 장기 입실자도 많아서 사업 초기에 계산했던 수익률 30%를 충분히 올리고 있다고 자신했다. 그런데 연말에 사업 정산을 하자 상황이 전혀 달랐다. 거의 만실을 채워 운영했는데, 수익률이 30%는커녕 20%에도 못 미쳤기 때문이다.

건물주에게 지불하는 월 임대료도 그대로였고 전기, 수도 등의 공용 관리비도 사업 초기에 예상했던 금액에서 크게 벗어나지 않았다. 그런데 어째서?

원장님은 원인을 찾으려고 통장 내역, 카드 내역 등을 일일이 다 확인했다. 복식부기 장부를 쓰고 있지 않았기에 하나하나 나가고 들어오는 돈을 확인했다. 원인은 간단했다. 가랑비에 옷 젖는다고, 중간중간 공실이 잠시 빌 때마다 예외로 깎아주었던 금액이 쌓이고, IOT를 설치하지 않은 탓에 다른 고시원보다 보일러와 에어컨 가동률이 높았다. 서비스로 제공하는 라면과 쌀 등의 부식비도 타 고시원에 비해 과도하게 지출되고 있었다.

어느 한 군데에서 크게 펑크가 난 것이 아니었지만 여러 항목에서 사소하게 예산을 벗어난 것들이 쌓여, 결국 수익률을 떨어뜨리고 말았다.

돈은 이렇게 솜바지에서 바람 새듯 빠져나간다. 황금알을 낳는 거위를 만들겠다면 거위가 우리 집 마당에서 얼마나 잘 적응하고 사는지를 정확히 파악해야 한다. 거위가 한꺼번에 너무 많은 먹이를 먹지는 않는지, 둥지를 마구 파헤쳐 알을 품을 곳조차 없는 것은 아닌지 등을 말이다. 제대로 살피고 정확하게 알지 못한다면 거위가 황금알을 몇 개 낳기도 전에 마당의 귀한 풀과 잎, 수생식물, 곡물과 농작물을 모두 먹어버리고 둥지까지 없애버려 황금알은 구경도 못 하게 될 것이다. 사업(장사)은 제대로 보는 것이 힘이다. 이 점을 명심하자.

셀프 운영이 가능한 조건이
'최우선' 조건이다

괜찮은 물건이란?

고시원 매물을 보러 다니는 수강생들이 많은 고시원을 임장하고 드디어 자신에게 맞는 가용 금액과 자신이 원하는 위치가 어느 정도 정해지면 가장 많이 하는 질문이 이것이다.

"대표님, 이 물건 정말 괜찮나요?"

나는 그런 질문에 단 한 번도 "이 물건 좋은 물건입니다. 하세요"라고 답한 적이 없다. 물론 해당 물건의 스토리를 이야기해주고, 5년 차 원장의 입장에서 보이는 강점과 약점, 컨설팅과 강사를 하면서 나 나름대로의 시각에서 보이는 특장점 등에 대해서는 의사를 전달하고 충분히 서로 의견을 나누기는 한다. 그러나 결정은 어디까지나 당사자가 하는 것이기에 내가 판단을 내리지도, 판단에 영향을 미치지도 않는다.

이런 과정을 거쳐서 드디어 계약의 마음까지 먹었다면, 그때는 한 가지를 꼭 묻는다.

"여러 물건을 보면서 시장 파악을 하셨을 텐데 지금 물건이 마음에 드는 이유는 무엇인가요?"

대답은 천차만별로 나오지만, 내가 원하는 대답은 이것이다.

"내가 인수하면 이전 원장님보다 잘할 수 있어서요."

첫정이 있어야 오래간다

내가 인수하면 전 원장님보다 잘할 수 있다는 용기가 드는가? 내가 꼭 한번 운영해보고 싶은가?

나는 고시원을 계약하려는 사람들에게 이런 마음이 반드시 들어야 한다고 강조한다. 그 이유는 시작부터 애정이 가지 않는 매물이면 애당초 발을 들이지 않는 게 낫다고 생각하기 때문이다. 고시원 창업은 손이 많이 가는 사업이다. 어느 정도 시스템이 갖춰질 때까지 주인의 손길이 필요하다. 그런데 애정이 안 느껴지고 그냥 굳이 나쁘지 않아서 하는 것이라면? 사소한 고장이나 잔손이 가는 것도 귀찮아하는 마음이 들 것이다.

내가 이 일을 오래 하며 느낀 점이 있다.

'고시원 창업은 누가 어떻게 하는지에 따라서 완전히 달라지는 업'이라는 것이다. 어떤 물건의 경우 몇 달 전에 봤던 정보에서는 시설도 낙후되고 그저 평범하기 이를 데 없는 고시원이었는데, 새로 원장이 바뀌고 불과 몇 달 사이에 이전의 노후되었던 모습은 온

데간데없고 완전히 뒤바뀐 모습에 놀라움을 금치 못한 적이 있다. 새 원장이 얼마나 그 고시원을 사랑하고 아끼고 알뜰살뜰 보살폈는지 보지 않아도 훤히 짐작되었다. 이후 그 고시원은 이전보다 방 가격을 인상하여 시장에 나왔다. 수익률도 25~35%까지 올라간 것으로 안다.

전천후 원장이 되자

창업 후에는 운영뿐 아니라 온라인 마케팅도 매우 중요하다. 나는 수강생들이 창업을 하고 나면 초창기 온라인 마케팅을 도와드리기도 한다. 아무래도 주변의 도움이 있으면 세 번 할 일을 한두 번에 할 수 있으니, 가능하면 도움을 많이 드리려 하는 편이다.

그러나 어디까지나 주도권은 원장님이 쥐고 방향을 가져가야 한다. 온라인 마케팅으로 선전하는 원장님들을 보면 모두 스스로 자기 사업장에 많은 노력과 시간을 들이고, 또 마케팅에 매진한 것을 알 수 있다. 그래서 나는 이렇게 얘기한다.

내가 고시원의 모든 것을 운영할 수 있는가를 최우선으로 생각하고 매물 선점을 결정하라고 말이다. 잘 되는 데는 잘되는 이유가 있고, 잘 안 되는 데는 안 되는 이유가 분명히 있다. 고시원은 더욱 그렇다. 내가 셀프로 다 운영 관리할 수 있다는 자신감을 가지고 다짐하는 원장이야말로 고시원 원장의 '최우선' 조건이다. 그리고 그런 자세의 원장을 따라갈 사람은 없다.

흙 속의
진주를 찾아라

강남은 입지 깡패?

이 말부터 묻고 시작하고 싶다.

"당신은 왜 고시원 창업을 하려는가?"

아마 수익률과 시간적 자유가 가장 큰 이유일 것이다. 그런데 예비 창업자들을 만나보면 공통되게 가지고 있는 관념이 하나 있다. 이 관념은 아마 부동산이나 부동산 투자에 대해 생각이 있는 대한민국 사람이라면 거의가 동일하게 품고 있는 관념일 것이다. 바로 '강남은 입지 깡패'라는 관념이다.

강남, 그다음은 서초, 송파, 성동, 마포……. 서열이 매겨지듯 부동산 입지에 관한 순위가 저마다의 머릿속에 자리 잡고 있다. 토지 가격이 비싸면 당연히 부동산, 아파트와 건물 가격도 비싸다. 그래서 고시원 창업을 어느 지역에서 하고 싶은지 묻는 질문에 대부분의 투자자들은 1순위로 강남, 2순위로 송파, 그다음을 마포로 꼽는다.

이들은 강남 지역이라면 훨씬 높은 수익률을 보장해줄 것이라 생각한다. 입실자들에게 인기도 높을 것이라고 생각하고, 또 운영하기에도 타지역보다 수월할 것이라 생각한다. 그런데 진짜 그럴까?

수요가 높으면 다른 것도 높다

입지가 좋은 강남이나 송파, 마포 등의 지역에 고시원 수요가 높은 것은 맞다. 그런데 수요만 높을까? 당연히 월 임대료와 보증금도 높다. 강남만 해도 대지 평수가 큰 건물은 월 임대료가 700만~900만 원, 심지어 1,200만 원까지 나가는 곳도 있다.

마포구 홍대 근처에는 강남보다 비싼 고시원 매물도 많다. 수요자가 몰리는 지역이라서 그렇다. 입지가 좋은 곳의 토지 가격은 매년 오른다. 그러나 내 건물이 아니므로 임차인인 나와는 아무런 관련이 없다. 그러니 부동산 투자자처럼 입지를 바라봐서는 안 된다. 우리는 장사를 하는 곳이기에 조금 다른 시각에서 접근해야 하기 때문이다.

빛 좋은 개살구가 안 되려면

고시원을 창업하려는 사람들에게 나는 "빛 좋은 개살구 말고 흙 속의 진주를 찾으셔야 합니다"라고 강조한다. 누가 봐도 탐낼 만한 역세권, 큰 도로 바로 앞의 신축 건물, 강남이나 마포, 송파에서 어디로 이동해도 손색없을 정도로 편한 위치, 잘 관리된 외관과 손댈 것 거의 없는 인테리어까지. 그런데 그런 곳은 수익률 맞추기가 매우 힘든 물건임을 알아야 한다.

외관과 시설은 그럴 듯한데 실제 남는 수익을 따져보면 만실을 채워도 최소한의 수익률도 못 가져갈 확률이 크기 때문이다. 건물주보다 더 가져갈 수 있는 게 고시원 사업인데, 건물주 좋은 일만 시키는 임차인이 될 뿐이다. 매달 지불하는 임대료가 만실 기준 수익보다 높으면 월세 때문에 힘든 창업 길을 걷다가 몇 년 못 버티고 그만두는 길을 걷게 될 것이다.

혹하다가 혹 붙인다

7자에 현혹되어 오히려 혹을 붙인 사례자가 있어 소개한다. 내 경험상, 사업을 생각하는 사람들은 월 수익 400만~500만 원 정도의 금액에는 크게 흥분하지 않는다. 그런데 앞자리에 '7'이 붙으면, 그 순간부터 동공이 흔들리며 매우 갈등을 겪는 것을 많이 보았다. 방금 브리핑받은 매물이 현재 원장님 사정으로 운영을 제대로 못하고 있고 급하게 내놓아서 팔아야 하는 상황이라며, 만실을 다 채우면 월 700만 원은 거뜬히 넘는다고 하면 당장 가계약금을 넣고 싶은 마음이 솟는다. 이것이 숫자 500과 700의 차이가 주는 효과다.

실제 내 주변에서 이런 원장님 있었다. 신축에 역세권 고시원이었는데, 부동산에서 워낙 급매물이라 다른 경쟁자들도 눈독을 들이고 있는 것이니 빨리 계약하지 않으면 놓칠 거라는 말만 듣고 덜

컥 계약을 진행하고 인수했다. 그 부동산에서 월 순수익 700만 원을 강조한 것은 당연했다. 그런데 아무리 전 원장이 개인적 사정이 있었다 하더라도 월 700만 원을 낼 수 있는 고시원에서 어떻게 500만 원을 겨우 맞춰서 운영한 것일까?

아니나 다를까, 인수해서 운영해보니 만실이 가능하다는 방 중 몇 개는 입실자를 받을 수 없는 방이었고(사무실과 창고로 쓰이고 있거나 보일러 등이 고장 나 입실자를 들일 수 없었다) 역세권이라는 입지 때문에 보증금과 월 임대료가 높아 운영하는 내내 투자한 만큼 수익률을 올리지도 못했다.

혹했다가 혹 붙이는 일이 이렇게 생긴다. 수치상의 데이터는 나오더라도 시설의 문제나 그만 한 데이터가 나오는 매물이 왜 시장에 나왔는지 정도의 스토리를 확인하기 전까지는, 허수의 수익금에 속아서는 안 된다.

진주는 어디에나 있다

사람들이 선호하는 지역이 있는 것은 맞다. 누구나 살고 싶어 하는 지역, 누구나 들어서 알 만한 지역, 누구나 '그 동네는 좋은 동네지' 하는 지역 말이다. 그러나 아는 것과 실제 내가 사는 것은 다르다. 알고는 있지만 굳이 그 돈을 내고서까지 그곳에 꾸역꾸역 입성하려고 하는 사람은 많지 않다. 자기 지갑과 형편에 맞게, 그리고 자신이 생각하는 주거비에 맞는 곳을 정해서 살게 마련이다.

고시원을 창업하려는 분들에게도 나는 이 점을 강조한다. 가용 금액을 생각해서 접근하시라고 말이다. 내게 맞는 물건은 내가 가진 금액에서 출발해야 한다. 무리하지 않고 내가 투자할 수 있는 금액과 맞는 지역, 맞는 건물, 맞는 임대료의 물건을 찾는 것이 최고다. 내 가용 금액에 맞는 고시원을 찾아 최선을 다해 운영하는 것이 내게 최고의 수익률을 가져다준다. 각자의 진주는 각자 발 딛고 선 흙 속에 있다. 이 점을 명심하기 바란다.

건물주와는
안전거리를 유지하라

임차인 면접을 본다고요?

코로나19로 인한 팬데믹이 끝나고 사회가 제자리를 찾아가던 시기, 고시원 업계는 매물을 양도하는 원장들이 늘어나면서 새로운 임차인으로 바뀌는 곳들이 많아졌다. 그런데 이때 한 건물주가 임차인 면접을 보겠다고 한 일이 벌어졌다.

당시 매물은 임대차 계약을 쓰고 소방서에 소방 신청을 해야 하는 지역에 있었는데, 건물주가 갑자기 임대차 계약서를 쓰기 전에 임차인 면접을 보고 결정하겠다고 나선 것이다. 새로 임차를 얻어 창업하려는 분은 60세가 된 분이었고 건물주는 50대였다. 비즈니스 계약에서 나이가 중요한 것은 아니라서, 건물주의 의중이 그렇다면 면접(?)을 보겠다 하고 그 자리에 나갔다.

그런데 오랫동안 이야기를 나누고 고민해보겠다며 자리를 뜬 건물주는 얼마쯤 시간이 흐른 뒤에 다시 두 번째 면접을 요청해왔다. 창업하려고 고시원 건물을 알아보던 예비 창업자는 말 그대로 '멘붕'이 왔다.

하마터면 계약서 찢을 뻔했습니다

훗날 창업자는 내게 "하마터면 계약서 찢을 뻔했다"는 후일담을 들려주었다. 곁에서 지켜본 나도 건물주가 과도하다고 느낄 정도였으니 예비 창업자의 심정은 어떠했을까? 공짜로 임차를 하는 것도 아니고 엄연한 임대차 계약에 의거해 상호 동등하게 조건을 맞추면 되는 것인데, 면접을 요구하는 것도 모자라 그것도 두 번씩이나 요구해왔으니 말이다.

건물주가 그렇게 했던 것은 건물주 입장에서 임차인이 자주 바뀌면 귀찮고 또 신경 쓸 일이 많으니까 오래 사업을 할 사람과 연을 맺으려고 그런 것이었다. 게다가 건물을 깨끗하게 사용할 사람인지, 임대료를 밀릴 가능성이 있는 사람인지도 스스로 살피고 판단하고 싶어 한 것이었다. 이런 경우가 흔하지는 않지만, 지금도 간혹 '임차인 면접 요구'는 있다. 취업하는 게 아닌데 이런 일까지 겪어야 하나 싶은 마음도 들겠지만, 그래도 건물이 마음에 든다면 받아들이자. 그리고 면접 자리에 나갈 경우에는, 임차인 입장에서도 당당하게 건물주를 면접 보자. 차라리 그렇게 마음먹고 가는 편이 훨씬 좋다.

건물주와의 밀당은 여기까지

나는 수강생분들이나 원장님들에게 건물주와는 속내를 털어놓지 말라고 조언한다. 예전에 이런 일이 있었다. 건물주를 우연히 만났는데, 장사 잘되냐는 건물주의 질문에 곧이곧대로 정말 좋은 마음에서 장사가 잘되어서 정말 좋다, 이 건물과 인연이 되어 진심으로 건물주에게 고맙다는 마음을 전했다. 그런데 아니나 다를까, 다음번 계약 기간이 되자 임대료를 법정 한도까지 꽉 채워서 5%를 올렸다.

만약 이 원장님이 건물주를 만났을 때 장사가 잘 안 되어서 겨우겨우 임대료를 내고 있다, 그러니 이번에는 임대료 조정을 좀 안 하시면 안 되겠냐고 말했다면 어떻게 됐을까? 그러나 이 원장님은 그런 말을 꺼낼 기회조차 없었다. 건물주 입장에서 장사가 잘된다는데 임대료를 안 올릴 이유가 없었던 것이다. 만약 장사가 잘된다는 말을 안 했더라면 3% 선에서 조정을 해달라고 협상을 할 여지가 있었을지도 모른다.

이런 것이 내적인 의미에서의 밀당이라면 건물주와 하는 외적인 밀당도 있다. 바로 '화해조서'를 쓰는 경우가 그것이다. 화해조서란 '당사자 쌍방이 확인하고 합의한 화해의 내용을 기록한 문서로, 소송상의 화해, 제소전의 화해의 내용이 기재된 조서'를 말한다. 건물주에 따라 이 조서를 쓰자고 하는 경우가 있는데, 이때 드는 변호사 비용을 임차인과 나누자는 건물주가 있다. 화해조서를 쓰는 것 자체는 나쁘지 않은데 그 안에 있는 조항은 꼼꼼히 살펴야 한다. 특히 재개발, 재건축 이슈는 화해조서에 넣지 말아야 한다. 일례로 보증금 5천만 원과 권리금 2억을 주고 들어갔던 고시원에서 고작 3년을 운영하다가, 재건축 또는 재개발 이슈가 불거져 권리금도 못 받고 나오는 경우가 있다. 법적으로 이의를 제기하려 해도 화해조서에 쓴 조항 때문에 보증금 5천만 원만 받고 퇴거하는 수가 생기니, 화해조서를 쓸 때는 무조건 토씨 하나까지 다 점검해야 한다. 화해조서를 쓰는 변호사 비용에 대해서도 일방적으로 건물주의 요구 사항을 들어줄 필요는 없고 협의를 거쳐 정하면 된다.

고시원의
'만능 맥가이버'가 되라

화장실은 친절한 미소로 고칠 수 없다

나는 수강생들이나 예비 원장님들에게 만약 고시원을 운영한다면 멘탈이 강한 '최적화 원장'의 길을 누구나 거쳐가야 한다고 늘 강조한다. 그런데 이런 정신적인 다짐과 자세만큼 중요한 '스킬'이 하나 더 있다. 어찌 보면 이 테크닉과 스킬이야말로 고시원 운영의 꽃이라 할 정도로 유용하고 실용적인 방책이 아닐까 한다. 그것은 바로 고시원의 '만능 맥가이버'가 되는 것이다.

고시원의 사업자등록증은 업태가 서비스업으로 나온다. 서비스업의 생명은 친절이다. 친절하게 대하는 데는 특별한 기술이나 돈이 들지 않는다. 멘탈과 마음가짐, 이 두 가지면 된다. 그런데 전등이 나가거나 문손잡이가 떨어졌거나 현관문 경첩이 흔들리거나 화장실 변기가 막히거나 하는 기술적인 문제가 발생한다면? 그때는

'친절한 미소'로는 해결되지 않는다.

'만능 손'이 되어야 한다

고시원은 주거 공간을 서비스하는 업이므로 사람을 상대하는 일일 수밖에 없다. 그러다 보니 민원을 해결하는 과정에서 원내 관리는 필수다. 일반적인 공용공간 청소, 쓰레기 더미로 뒤덮어놓은 채 퇴실한 방 청소, 주방의 음식물 쓰레기 청소 등을 경험하고 나면 어느 정도 고시원의 일이 손에 익어가는 단계라 할 수 있다. 이 시기가 '설비업'을 경험하게 되는 단계이기도 하다.

전등 교체, 주방의 식탁이나 각 방에 비치된 가구 수리, 유격이 안 맞는 옷장이나 서랍 등은 자기 힘으로 직접 고칠 수 있을 정도로 '만능 손'이 되어야 한다. 크게 어려운 점은 없다. 가전제품을 고치는 정도의 수준이면 누구나 가능하다. 내 경우, 이제 웬만한 수리는 거의 내 손으로 하는 지경에 이르렀다. 인테리어도 셀프로 얼마든지 가능하다. 요즘은 특히 DIY로 제작된 것들이 많고 또 유튜브에 다양한 설치법과 수리법 등의 정보가 많으므로 혼자 끙끙댈 필요도 없다.

점쟁이도 족집게 도사도 아니지만

고시원 창업 컨설팅 강의에서 이런 경험을 토대로 수강생들에게 말씀을 드리면 수업을 듣는 수강생들은 그럴 수도 있겠다 하고 넘어가지만, 이후 실제 창업해서 원장님이 된 분들이 나를 만나면 어쩜 그리 점쟁이처럼 이후 벌어지는 일들을 수업 시간에 정확히 이야기해주었냐고 감탄하곤 한다.

그러나 나는 점쟁이도 족집게 도사도 아니다. 내 경험담을 미리 알려주었을 뿐이고 이런 경로는 거의 모든 고시원 원장님들이 그대로 따르게 되는 경로이기 때문이다. 수업 시간에 내가 또 강조한 것이 '건물은 물과의 싸움'이라는 말이었는데, 우리는 그에 더해 소방과 누수+전기 차단까지 동시다발로 벌어진다. 그리고 그 일이 가장 머리 아픈 고시원의 사건 사고 중 하나다.

전문가의 라인업을 만들어라

물이 일으키는 문제는 누수와 결로 등 종류가 다르다. 그리고 종류에 따라 각각 처리하는 방법도 다르다. 아주 특별하고 고질적인 누수가 아니라면 말이다. 누수는 대개 전문가의 도움을 받는다. 간단한 누수라면 내 손에서 해결할 수도 있지만 가능하면 전문가의 진단을 받는 것이 좋다. 그렇게 누수를 처리하는 경험이 생기면 전문가의 라인업이 생겨나고, 첫 번째 겪은 일이 다른 시기, 다른 곳에서 또다시 발생하면 매뉴얼대로 처리하는 해결책이 나오게 되는 것이다.

그렇게 서비스업으로 시작해서 청소업, 설비업을 지나야 안정된 수익률과 오토 운영이 가능한 단계가 온다. 세상에 쉽게 돈 버는 사업은 절대 없다. 우리는 운영하던 곳을 인수받아 창업을 하는 것이지, 5억 또는 그 금액이 훌쩍 넘는 거액으로 고시원을 신설하여 시작하는 큰손들이 아니다. 건물을 지어 임대업을 하는 것이 아닌데, 창업만 하면 수익률이 보장되고 오토로 자연스럽게 운영된다는 생각을 먼저 해서는 안 될 것이다. 고시원은 내 손이 한 번 더 가면 그만큼 때깔이 좋아지는 사업장이라는 사실을 잊지 말자.

뉴스에 나오는 조현병, 알코올중독자, 고독사… 내 일이 될 수 있다

고시원 원장, 어디까지 상상하나

고시원 창업을 염두에 두고 있는 사람들에게 묻고 싶다. 고시원 원장을 하며 힘든 일이 생기는 수준을 어디까지 생각해보고 진입할 마음을 먹는 것이냐고.

올해 5년 차 원장이 되는 나는 자신있게 말할 수 있다. 만만하게만도, 어렵게만도 생각하지 말라고. 나 역시 순탄하게만 지나오지는 않았다. 조현병, 알코올중독자 입실자도 겪을 만큼 겪었다. 그러나 멘탈이 무너질 수 있는 매우 큰 일 중 하나가 바로 고독사다. 두 번째 고시원을 운영할 때 나는 이 경험을 했다.

고인을 발견하다

사망하신 분의 정확한 사인은 '심장마비'였다. '고독사'가 혼자 살다가 죽음을 맞아서 한동안 발견되지 않은 것을 일컫는다면, 그분은 '고독사'가 맞았다. 1월, 보일러가 가동되고 있는 날씨였는데 고인이 된 지 8일째 발견을 했다.

연락이 되지 않아 입실자의 문을 내가 직접 개방하여 확인하였고, 곧 소방서와 경찰서 관계자들이 도착했다. 과학수사관들도 왔다. 부패가 심하게 된 상황이었고 냄새도 심했다. 고인의 발견부터 신고, 운구하는 모습까지 내가 다 지켜보고 진행했다.

사람 사는 곳이라면 언제든, 누구에게도 일어날 수 있다

사망자가 나온 방은 오염이 심하다. 그래서 특수청소업체에 연락하고 이후 방을 완전히 새롭게 세팅했다. 고인에 대한 마지막 예의를 차려드리고 싶어 막걸리 한 잔을 방 문 앞에 따라놓고 며칠은 방을 비워두기도 했다. 그때가 고시원을 운영한 지 2년 정도 되었을 때다. 뉴스에서만 보던 일이 정작 내 눈앞에서 일어나니 만감이 교차했다. 잠시나마 흔들렸던 멘탈을 다시 복구하는 데 그리 오래 걸리지는 않았지만, 그 기억이 지금도 강렬하게 남아 있는 것은 사실이다. 그런 경험이 누구에게나 생기지는 않겠지만, 고시원 원장을 하겠다면 한 번쯤은 내 일이 될 수도 있음을 염두에 두라고 말하고 싶다.

그러나 '죽음'은 사람 사는 세상에서는 늘 일어나는 일이다. 크게 충격을 받을 일도, 크게 운이 나빴다고 생각할 일도 아니다. 고인의 명복을 빌어드리고 청소업체의 도움을 받아 깨끗하게 정리하고 새롭게 방을 세팅하면 된다. 꼭 고시원이 아니더라도 내가 임차를 주었다면 아파트든 오피스텔이든 빌라든 어디서든 발생할 수 있는 사고임을 인정하면 된다.

내가 생각하는 AI 원장은

어느 수강생이 나에게 이런 질문을 한 적이 있다. 대표님은 언제 고시원을 그만두실 거냐고 말이다. 나는 답했다. 입실자분들이 돈으로만 보이면 난 이 일을 그만둘 거라고 말이다.

211호 38만 원, 303호 40만 원, 409호 45만 원……. 나는 평소 수강생분들에게 나는 'AI원장'처럼 운영한다고 강조하곤 한다. 그러나 그 말은 입실자들을 숫자로 평가하고 본다는 의미가 아니다. AI처럼 객관적인 데이터에 입각해서 운영하고 합리성을 추구한다는 의미이지, 인간미를 싹 걷어낸 운영을 말하는 게 절대 아니다.

물론 '케이스 바이 케이스'로 입실자 중 10% 정도에게는 인간미 없이 대하기도 한다. 그것은 나머지 입실자들을 위한 것이고, 공동주거 공간에 대한 규칙 때문에 빡빡하게 대하는 것이지 사람들을 돈으로 봐서 그런 것이 아니다. 어떻게 부정이 긍정을 이길 수 있겠는가?

고시원은 어디까지나 사람 사는 공간이다. 고시원에 살고 싶은 사람은 없다. 솔직히 여력이나 형편이 안 되어 고시원을 택한 것일 뿐 입실자들도 이곳에서 돈을 모아 좀 더 개인 공간이 보장된 곳으로 옮겨 가고 싶어 한다. 그러니 이곳에 모인 분들 모두 있는 기간

동안에는 서로에게 피해를 주지 않고 편안하게 주거하는 공간이 되게끔 하는 게 프로 원장이 할 일이라고 나는 굳게 믿는다.

사람들 사이에서 일어나는 일은 대부분 소통으로 해결할 수 있다. 다만 가끔씩 이런 사건 사고가 생길 경우에는 침착하게 절차에 따라 잘 해결하면 된다. 입실자가 사망한 경우 이것만은 알아두자. 우선 방을 함부로 치워서는 안 된다. 경찰이 시신을 확인하고 인도해 간 뒤 담당 검사가 허가하거나 또는 사망자의 가족이 동의를 한 경우에만 고인의 물건을 치울 수 있다.

창업과 동시에
엑시트를 생각하자

시장에 '호구'는 없다

고시원은 창업할 때도 중요하지만, 내가 사업을 접고 남에게 양도할 때도 매우 중요하다. 어느 사업장이든 마찬가지겠지만, 팔 때 제값을 받고 팔고 싶은 것이 인지상정이기 때문이다.

간혹 '나는 3억에 인수했으니 팔 때는 꼭 3억 5천만 원에 팔 거야'라고 생각하면서 시장에 진입하는 창업자가 있다. 그렇게 생각하는 것은 자유다.

그렇다면 5천만 원을 올리기 위한 방법도 생각해야 한다. 기존 데이터보다 훨씬 높은 수익구조로 올려놓는다든지, 아주 저렴한 권리에 인수한 물건을 환골탈태시켜 해당 지역의 1등 고시원으로 만들어놓는다든지, 입실자들의 연령대를 어떻게 바꾸겠다든지 등 능력을 발휘해 그 노력의 가치를 시장에서 보상받으면 된다. 그런데 아무런 준비도 계획도 없이 막연히 꿈만 꾼다면? 그러면 눈뜬 장님 '호구'를 마냥 기다리겠다는 말밖에는 안 된다.

인테리어 비용은 고사하고

고시원 창업과 양도 둘 모두 경험한 입장에서 말하자면, 고시원은 양도가 훨씬 더 어렵다. 나 역시 첫 번째 인수했던 고시원을 양도할 때, 인수한 원가 그대로 넘겼다. 내가 1천만 원을 들여 인테리어를 하고 1년밖에 운영하지 않아서 거의 새 것처럼 깨끗한 고시원이었는데도 말이다.

고시원 원장들은 대개 1천만~2천만 원의 인테리어 비용을 들였다면, 팔 때는 그 비용에 더해 자신이 고생한 노동과 수고까지 붙여 3천만~4천만 원 정도 더 받기를 원한다. 인테리어의 재료값에 노동력, 수고비, 시간 투자까지 생각하기 때문이다.

그러나 인테리어 비용을 보전해줘야 한다고 생각하는 매수자는 없다. 입장을 바꾸어 생각하면 아주 간단하다. 팔고 싶어서 파는 물건에 웃돈을 얹어줄 사람은 없다. 그 물건이 정말 귀한 물건이어서 시장에서 값어치가 높은 게 아니라면 말이다. 그래서 나는 인테리어에 너무 많은 돈을 쓰지 말라고 권한다. 그럼 원가가 올라가고 엑시트할 때 매물 가격이 무거워지기 때문이다.

고시원 매물은 양도할 때가 더 어렵다

또 하나 주의할 점이 있다. 고시원을 인수할 때 상가임대차보호법을 받아 최장 10년까지 운영할 생각으로 인수했다가 중간에 개인 사정으로 내놓게 될 경우 불이익은 없는지, 그럴 경우에도 내가 인수한 금액에 팔 수 있는지도 고려해야 한다.

고시원은 내가 오래 할 수 있는 매물인지를 보고 들어가는 것이 가장 중요하다. 내가 진짜 고시원을 운영할 자신이 있는가, 내가 몇십 명이나 되는 입실자들의 민원을 처리할 서비스 정신이 있는가, 내가 다종다양한 사건 사고를 처리하면서 원활하게 수익을 낼 수 있는가, 그리고 몇 년 뒤 양도할 때 지금보다 나은 조건으로 양도할 자신이 있는가. 이런 경우의 수를 다 생각하고 진입한다면 고시원이야말로 현금흐름을 만드는 데는 아주 좋은 사업이 될 것이고, 훗날 엑시트할 때에도 큰 무리 없이 후임자에게 물건을 잘 양도할 수 있게 될 것이다.

4장

복습

고시원 즉문즉답

· · ·

나는 5년 차 고시원 원장으로 일해오면서 그간 고시원 운영과 관리에 대한 많은 경험을 해왔고, 현재는 '고시원킹'이라는 이름을 내걸고 여러 수강생들에게 고시원 창업과 운영에 관련한 강의도 활발히 진행하고 있다. 이번 장에서는 내 경험에 기반하여 겪은 일들을 바탕으로 고시원에 대해 많은 이들이 궁금해하는 대표적인 질문을 추려 소개해보고자 한다.

답변 내용은 실제 현장에서 내가 직접 겪은 일을 바탕으로 했으며, 내가 아는 한도 내에서 현실적으로 유용했던 방법에 중점을 두었다. 고시원 운영에 실질적인 도움이 되었던 팁들도 소개했다. 다만 내 답변을 100% 정답으로 생각하지는 않았으면 한다. 사람 사는 세상에서 100퍼센트 똑같은 일이 일어날 수는 없다. 유사한 사건일지라도 정황과 맥락이 조금씩 다른 법이다. 여기 소개하는 대표적인 질문과 답변은, 일반적으로 이러한 방향과 경로를 따르면 해결되었다는 사례쯤으로 이해해 주었으면 한다. 사람 사이의 소통은 어디까지나 경우에 따라 다를 수 있음을 명심하고, 해당 원의 사정과 상황에 따라 적용하기를 바란다.

1. "전화 연결이 되지 않습니다"_ 월세를 미납하고 연락이 두절된 입실자를 어떡해야 하나요?

A 고시원 사업을 하면서 가장 힘든 일이 바로 월세 미납자를 상대하는 일이다. 과도하게 민원을 제기하는 사람, 밤낮없이 전화를 걸어오는 입실자, 실내 흡연, 분리수거 규칙 위반 등등 원장의 손을 많이 가게 하는 일이 아무리 다양해도 월세 미납자만큼 원장을 힘들게 하는 사람은 없다고 해도 과언이 아니다.

본인들 각자의 사정이야 있겠지만, 이들의 특징은 양해를 구한다거나 협의를 할 생각조차 안 한다는 것이다. 그저 피하는 게 상책이라는 듯 연락을 받지 않고 피해 다니다가 급기야는 방에 짐을 그냥 놔둔 채 사라지기도 한다.

이때는 '원장과 동의 없이 무단 거주'라는 내용이 담긴 문자를 발송해 명분을 남기는 게 첫 번째다. 그다음 그렇게 조치를 취했는데도 계속 연락이 없거나 월세를 입금하지 않으면 내 문자에 대해 동의한 것으로 간주한다. 그런 뒤 도어락 비밀번호를 교체한 뒤 방 출입을 제한한다.

어떤 입실자의 경우, 자신의 주거권을 침입했다며 법적으로 대응하겠다고 나서기도 한다. 그때는 나 역시 직접 소송하라고 맞대응한다. 비상식적인 사람에게 나만 상식적으로 응대할 수는 없다. 소송전을 각오해야 그런 고의적인 연체자를 해결할 수 있다는 것을 나는 오랜 경험으로 알았다. 실제 소송에 들어가면 1년 이상 걸릴 것이다. 나 역시 내 사업에 피해를 주고 있음을 법적으로 입증하면서 대응한다는 각오로 응대해야 이런 만성 연체자를 걸러낼 수 있다. 비상식적으로 연체하는 사람들은 빠르게 정리하고 새 입실자를 받자.

2. "원장 일이 처음이라 잘 몰라서 그러는 것 같은데…"_ 원장의 멘탈을 나가게 하는 입실자 때문에 괴롭습니다

A 고시원을 하던 첫해, 밤낮 가리지 않고 아주 사소한 일로도 전화하는 입실자 때문에 골머리를 앓은 적이 있었다. 옆방이 시끄럽다, 복도에서 들리는 슬리퍼 소리가 거슬린다, 방이 춥다, 방이 덥다, 창문이 잘 안 닫힌다 등등 본인이 해결할 수 있는 일로도 원장인 나에게 전화하고 문자를 보냈다. 내가 해결해줄 수 있는 민원이라 가능하면 답변해주고 다음 날 해결해주었다(이런 민원도 한 사람이 집중해서 보낸다면 달리 처리해야 한다. 이와 관련해서는 Q3의 답변 참조).

그런데 내가 해결해줄 수 없는 내용으로 나를 힘들게 하는 입실자라면 어떡해야 할까? 일례로, 내가 만났던 한 입실자는 장기 거주자였는데 나에게 전화를 해올 때면 무조건 다짜고짜 화부터 냈다. 그리고는 꼭 이런 말을 덧붙였다.

"아니, 전에 계셨던 원장님은 안 그랬는데, 왜 이번 원장님은 이러십니까? 이렇게 하시면 안 되죠."

이런 분들의 특징은 마치 네가 이 일이 처음이라 잘 모르는 것 같은데, 원래 고시원 원장이라면…… 하는 생각이 깔려 있다는 것이다. 이런 분들에게 대처하는 방법은 있다. 원칙 고수. 해줄 수 있는 것은 해주되, 과도한 요구는 원칙대로 안 된다고 간단히 답변한다.

다짜고짜 화부터 낸다면 '화내지 마시라, 어디서 언짢은 일이 있으셨던 것 같은데 화가 가라앉으면 통화하겠다'고 하곤 전화를 끊어라. 원장은 입실자들의 감정의 쓰레기통이 아니다. 그러고 나서 다음번 통화 때 '이런 전화, 솔직히 위협감을 느낀다'고 말하라. 원장이니까 무조건 참아야 하는 것이 아님을 스스로가 명확히 인식해야 멘탈을 지킬 수 있다.

그런데도 도저히 말이 안 통하고 계속 화를 낸다면? 그때는 '저희 원과는 맞지 않는 것 같으니 이 달까지만 계시고 더 좋은 곳으로 옮기시는 게 좋겠다'고 말씀드린다. 나는 실제로 이렇게 대응했고, 내 멘탈을 관리했다.

3. "일당백 민원 제기자 때문에 힘들어요"_ 한 사람이 민원의 50%를 넘게 차지합니다. 계속 견뎌야 하나요?

A 고시원 운영 5년 차가 되니 내 안에도 나름대로 사람에 대한 데이터가 쌓인다. 그중 하나가, 민원을 제기하는 사람은 주로 정해져 있다는 것이다. 장기 입실자 중에서 민원을 제기하는 사람이 있다면 아마 초반과는 달라진 서비스가 있거나 시설 관리가 안 되어 그럴 수 있으니 잘 살펴서 조치를 취하면 된다. 그런데 단기 입실자 또는 입실한 지 얼마 안 된 사람이 입실하자마자 지속적으로 매일같이 민원을 제기해오는 경우가 있다.

나는 이런 사람을 '일당백 민원 제기자'라고 부른다. 이들의 특징은 민원을 제기하는 데 거침이 없다는 점이다. 우리 고시원에서는 라면과 쌀을 무제한 제공한다. 그런데 입실한 지 얼마 안 된 한 분이 라면 종류가 한 가지인 것이 불만이라며 민원을 제기했다. 밥통에 밥이 떨어졌는데 왜 새로 해두지 않았느냐며 밥이 떨어지지 않도록 주의해달라고도 요구했다.

나는 원칙대로 '라면은 무상 제공이라서 종류를 다양하게 제공하지는 않는다. 다른 라면이 드시고 싶으면 직접 사 드시면 된다. 그리고 밥 역시 마지막에 드신 분이 해놓는 규칙이 있으므로 입실자들끼리 그 원칙대로 해 드시면 된다'고 했다.

이후에도 이분의 민원은 계속되었다. 마치 민원 거리를 찾는 것처럼, 방이 너무 춥다, 방이 너무 덥다, 옆방이 너무 시끄럽다, 복도에서 사람들이 너무 쿵쿵거리며 걷는다, 공용 세탁기를 써야 하는데 나까지 순서가 안 온다, 세탁기를 한 대 더 늘려달라, 침대에 스프링이 꺼진 것 같다 교체해달라 등등.

우선 방 온도에 따른 민원이 들어올 경우엔 그 민원을 다른 입실자들도 하는지 체크하자. 만약 3~4명이 동일한 민원을 넣었다면, IOT로 온도 조절 여부를 체크해보고 기준 온도를 다시 조정하자. 만약 유독 추위를 많이 타는 입실자 한 명이 지속적인 민원을 제기한다면, 두꺼운 이불을 덮으시라고 권한다(반대로 여름에는 선풍기를 개인적으로 추가 구입해서 사용하라고 권한다). 각자 느끼는 체감 온도가 다르므로 한 사람의 민원이 들어왔다고 거기에 기준을 맞추어서는 안 된다.

옆방이 너무 시끄럽다고 호소하면 한두 번은 원장이 직접 옆방 입실자에게 소음에 주의해달라고 당부한다. 그 이후에도 이 민원이 그치지 않을 경우에는, 귀마개를 착용하든지 두 사람이 해결을 보라고 하는 게 낫다. 원장이 신이 아닌 이상 공동 주거 공간에서 벌어지는 일을 판관처럼 해결해 줄 수는 없다.

침대 스프링이나 의자 등 방 안의 소모품을 교체해달라는 민원에는 일단 가구를 체크해본다. 침대 스프링의 경우는 쓰는 사람마다 체감이 다르므로 일단 돌려서 사용해보라고 권한다. 그래도 정 불편하다면 입실자와 원에서 반씩 부담하여 구입하는 게 원칙임을 알리고 선택을 하라고 제안한다. 단 예외 사항이 있는데, 입실자가 장기 거주자여서 오랫동안 산 경우와 신규 입실했는데 소모품이 내 눈에도 낡아서 교체 주기가 된 것으로 판단될 때는 원에서 교체한다.

그런데 내 경험상, 민원은 자주 제기하는 사람이 계속 한다. 이런 사람에게는 원칙으로 답한다. 길게 말하지 않는 게 좋다. 단답형으로, 결론만 말하는 게 서로에게 좋다.

4. "우리 원에 자유로운 영혼이 있습니다"_ 공동 규칙을 너무 안 지키는데 어떻게 해야 하나요?

A 앞에 민원을 제기하는 사람이 또 제기한다고 말했는데, 규율은 어기는 사람이 여러 곳에서 다발적으로 어기는 수가 많다. 안에서 새는 바가지 바깥에서도 샌다는 옛말이 대개 다 들어맞듯이, 규칙과 규율도 한번 어긴 사람이 계속 어기는 경우를 나는 너무 많이 보았다.

수강생으로 창업한 한 원장님이 입실자 한 명 때문에 너무 힘들다고 연락해왔다. 남들 다 잠든 새벽에 세탁기를 돌리는 바람에 민원이 빗발친다고 했으며, 분리수거도 제대로 안 해놓는다고 했다. 전력 사용량이 높은 전자제품은 방에서 사용하는 게 금지되어 있는데, 에어프라이어기와 미니건조기 등을 놓고 쓰는 바람에 차단기가 내려간 적도 여러 번이라고 했다.

공용 주방을 쓰고 나면 깨끗하게 주변 청소와 정리를 해놓아야 하는데, 이 사람이 쓰고 나면 주방을 엉망으로 만드는 데다가 달걀 껍데기와 라면 봉지도 마구잡이로 어질러놓는가 하면, 음식물 쓰레기도 일반 쓰레기통에 버리는 통에 청소 이모님이 여러 번 고생하신 적도 많다면서 어떻게 해야 좋을지 모르겠다고 했다.

나는 대처법을 알려드렸다. 늘 그렇듯, 이런 입실자에게는 길게 말하지 말고 용건만 간단히 말하고 팩트를 전달하는 게 좋다. 읍소하거나 부탁하는 것도 한두 번이지, 반복된다면 내 입만 아플 뿐이다.

- 밤에 세탁기를 돌리시면 안 됩니다. 교대근무라 빨래할 시간이 없다고 하셨는데, 편의를 봐드릴 수 없는 점 이해해주십시오. 주변 셀프 빨래방을 이용해주세요(단 입실자가 장기 거주자이고 교대근무 시간을 바꿀 수 없다면, 월세에서 1~2만 원을 빼드리는 것으로 협의를 본다).
- 전기담요, 에어프라이어기, 미니건조기는 개별 사용 금지입니다. 기본전력이 있어서 혼자 이렇게 전력을 쓰시면 차단기가 내려갑니다(이때도 예외는 있다. 맨 끝 방의 경우 보일러가 돌아가도 겨울에는 많이 춥다. 이 경우에만 바람으로 나오는 히터 등의 사용을 허락하되, 외출 시에는 반드시 꺼달라고 당부한다).

- 분리수거를 잘 안 하는 입실자들에게는 증거 사진을 찍어 구청에서 벌금이 나오면 벌금을 부과하겠다는 내용을 사진과 함께 보낸다. 실제 벌금이 나오지 않았더라도 CCTV 화면을 보내 전송한 뒤에 주의를 당부하면 대부분은 고쳐진다. 공용 주방이나 공용 공간을 더럽히는 행위도 문자와 사진을 보내 규칙을 지켜주길 요청한다.

5. "배달시킨 물건이 사라졌어요. 택배 좀 대신 받아주세요"_ 택배 관련 사건 사고는 어떻게 대처하나요?

A 택배 분실 사고는 어느 고시원에서든 한 번씩 일어날 수 있는 일이다. 다행히 지금까지 내가 운영하는 고시원에서는 이렇다 할 분실 사고가 없었다. 그런데 딱 한 번, 자기 택배를 누군가가 가져갔다는 민원이 들어온 적 있다. 주말에 개인 일이 있어서 고시원에 나가지 않았는데, 오전 11시쯤 입실한 지 한 달 된 분으로부터 택배가 분실되었다는 연락을 받았다. 당사자는 곧 CCTV 확인을 요청했다. 나는 곧 모바일로 녹화 영상을 돌려보았다. 현장에서는 빠른 배속으로 보는 게 가능했지만 모바일로는 배속이 안 되는 모델이라 움직임을 감지할 때마다 일일이 체크해야 했기에 그날 오후 시간을 다 써가면 녹화 영상을 확인했다.

총 3명이 1층에서 택배를 가지고 올라간 게 확인되었다. 일일이 전화해서 혹시 다른 사람의 택배를 가져갔느냐고 물었지만 3명 다 본인 것이지 다른 건 없다고 했다. 분실한 입실자에게 혹시 택배가 안 온 건 아닌지 확인해보라고 했더니 택배가 온 게 맞다고 했다. 물품은 스킨로션이고 배달 완료 문자는 받았는데 1층에는 택배가 없다며 계속 답답해했다. 나는 월요일에 고시원으로 나갈 테니 현장에서 CCTV를 같이 돌려보자고 하면서, 그래도 혹시 모르니 택배 기사님에게 한 번 더 확인을 해보시라고 했다.

그런데 월요일 이른 아침에 문자가 왔다. 그날 택배 3개가 온 것은 맞는데 택배 기사님이 일을 시작한 지 얼마 안 된 분이어서 배달하지 않은 자기 물건까지 배송이 된 것으로 잘못 입력했다는 것이었다.

이 일로 내가 배운 점이 한 가지 있다. 택배를 분실했다고 한 사람은 고시원 옆 파출소에 새로 근무하게 된 젊은 경찰이었다. 경찰이라는 직업 때문에 그 사람의 말만 신뢰하고 다른 입실자분들에게 전화해서 추궁하고 의심하게 된 꼴이었다. 이 얘기를 전했더니 그분도 사과를 하고 훈훈하게 마무리했던 기억이 있다.

내 경우에는 택배 기사의 실수로 인한 해프닝으로 끝났지만, 원에 따라서 택배 분실 사고가 자주 일어나는 곳도 있다. 더구나 엘리베이터가 없는 고시원의 경우, 택배 기사가 1층 현관에 택배를 놔두고 가기 때문에 손을 탈 수 있는 확률도 높다.

택배 분실이 원장에게 골치 아픈 것은, 자칫 주변 입실자들을 범인으로 보게 되기 때문이다. 의심이 커지면 원내 분위기가 험해지고, 서로 의심하다가 싸움으로 번지기도 한다. 실제 한 원장님은 입실자가 자신에게 온 택배인 줄 알고 가져갔다가 택배 상자를 열어보지도 않은 채 출장을 가는 바람에 택배 주인으로부터 도둑으로 몰릴 뻔한 적도 있다. CCTV 확인 결과 남의 택배를 가져간 것은 확인되었으나 제자리에 가져다 놓지 않은 정황이

불리하게 작용한 것이다. 그러나 이후 출장을 다녀왔다는 것이 확인되고 서로 대화를 통해 오해를 풀었지만 말이 안 통하는 입실자였다면 원장이 많이 괴로웠을 것이다.

택배가 없어져 원내 게시판에 공고를 했는데도 사라진 택배가 돌아오지 않는다면, 택배 주인에게 경찰서에 신고하라고 하는 게 가장 빠르다. 개인정보 때문에 원장이라도 아무에게나 CCTV를 공개해서는 안 되므로, 이후 경찰서에서 연락이 오면 CCTV 녹화본을 제공해드리겠다고 하면 된다.

간혹 원장에게 택배를 대신 받아달라고 요청하는 입실자가 있다. 이 경우는 단호하게, 택배를 대신 받아드리지는 않음을 원칙으로 말하라. 내가 원내에 없다고 말하고, 설사 원내에 있는 날 그런 부탁이 들어온다 해도 받을 수 있는 상황이 아니라고 해야 한다. 한번 받아주기 시작하면 입실자들의 택배를 받느라 일주일 내내 원에 머물게 될 수도 있다.

 **6. "방값 관련한 이슈들로 어떤 게 있을까요?"_ 미리 알고 대비하고 싶습니다**

A 방값과 관련해서는 참으로 많은 흥정과 제안이 들어온다. 내가 받았던 제안과 그분들에게 했던 내 답변을 소개한다. 마찬가지로 답변은 짧게, 핵심만 추려 말하는 게 좋다.

- 오래 살 건데 미리 방값 좀 깎아주세요(장기 입실 할인 혜택).

"우리 고시원 입실자들은 70%가 3년 이상 거주하는 분들입니다. 3년 치를 완납하면 10% 할인해드리겠습니다."

단 이때는 입금 후 환불 불가 원칙에 동의해야 한다.

- 이 시간(밤 11시 이후거나 오전 7시 이전 시각)에 방 보러 가도 되나요?

"네, 물론입니다. 고시원 앞에 와서 전화하시면 CCTV를 보면서 안내해 드리겠습니다."

앞에서 설명한 대로 비대면으로 빈방을 보여주고 계약까지 연결하면 된다.

- 빈방 사진 있으면 보내주시면 안 될까요?

"찍어 놓은 사진이 없습니다. 고시원에 와서 직접 보시고 결정하세요."

내 경험상 이런 경우 사진만 보고 오지 않는 경우가 많다. 그냥 여러 고시원에 다 전화 걸어서 사진을 보고자 하는 경우가 많으니, 성심 성의껏 응대할 필요는 없다.

- 3일만 살고 나가는 것이니 27일 치는 일일 계산해서 환불해주세요.

"계약서에 명시된 대로 한 달 계약입니다. 일일 요금대로 받지는 않으니 불가합니다."

입실하고 나서 사흘 만에 개인 사정이 생겼다며 나머지를 환불해달라는 사람들이 의외로 많다. 계약서 원칙을 고수하면 된다. 한 달 산다는 약속하에 다른 입실자를 놓쳤으므로, 원장이 이 요구를 들어줄 이유는 없다.

단 나가야 하는 이유에서 서로 협의가 된다면 50% 선에서 환불을 협의하는 것도 좋다(다니기로 한 직장에서 3일 만에 그만두게 된 입실자의 경우, 나는 이렇게 협의해준 적 있다).

- 이 방 말고 저기 있는 새 방으로 바꾸어주세요.

"가능합니다. 그런데 새 방은 가격을 인상 중이라 월 15만 원씩 추가로 내셔야 합니다."

한 입실자가 입실하기로 해서 빈방을 도배하고 있는데 기존 입실자가 오더니 새 방이 더 좋다며 그 방으로 옮겨달라고 했다. 그래서 가격을 더 주면 올려주겠다고 '팩트'만 전달했다.

- 제가 월급이 일주일 밀려서 일주일 뒤에 방값을 드릴 수 있습니다. 양해해주세요.

"전액을 미루어드릴 수는 없고요. 지금 일부라도 입금하시고 나머지 차액을 일주일 뒤에 주십시오."

이런 경우는 케이스마다 다르다. 만약 한 번도 미납이 없었던 경우라면 당연히 그 정도의 편의는 봐드린다. 무조건 안 된다는 원칙을 들이미는 것이 아니다. 그러나 전액을 무조건 미루는 조건보다는 일부 금액이라도 입금을 받는 것이 서로에게 좋다(만약 일주일 뒤에 차액이 지불되지 않으면 퇴실하는 조건을 달아야 한다).

- 카드 대신 현금으로 결제할 건데 깎아주세요.

"현금영수증 의무 발행 업종입니다. 카드든 현금이든 금액은 동일합니다. 편하신 걸로 결제하세요."

고시원을 운영하다 보면 30명, 40명, 50명 모두의 조건을 다 충족하기란 불가능하다는 것을 알 수 있을 것이다. 다중 이용시설은 많은 사람이 지내는 공간이니 원장이 운영하는 방향을 잡아두어야 감정적으로 스트레스를 덜 받을 수 있다. 앞에 소개한 질의응답이 까칠하고 딱딱하게 느껴질 수 있다는 것을 잘 안다. 나 또한 처음 고시원을 인수했을 때, '다가오는 추석에 원내 입실자분들에게 어떤 선물을 할까?' 두근거리는 마음을 먹었던 적도 있었다.

그러나 시간이 지나면서 내가 할 일은 이분들의 주거 공간을 편하고 안정되게 관리하고 집중하는 데 있다는 것을 알게 되었다. 지금 나는 스스로 'AI 원장'이라고 생각한다. 감정노동을 최소화하기 위해 그렇다. 고시원의 가장 좋은 서비스는 여름철 시원하게 해주고, 겨울철 따뜻하게 해주는 것이다.

매물 선정 후 인테리어 과정을 마치면 이제 운영하는 것이 원장 일의 절반 이상을 차지한다. 이때 스스로가 나는 스트레스를 받기 위해 이 사업을 하는 것이 절대 아니라는 걸 명심해야 한다. 내가 소개한 답변과 다르게 친절하게 응대하면서 고시원 사업을 하는 원장님도 분명히 있을 것이다. 전혀 나쁘지 않다. 그런 방식이 내 몸에 맞는 원장님이라면 당연히 그렇게 해도 된다. 나는 경험상 그리고 내 기질상 이런 방식을 선택했으므로 어디까지나 참고용으로 생각하면 좋겠고, 필요하다면 응용을 하시라는 의미다.

반드시 기억해야 하는 것은 원마다 사람마다 성향과 성격이 모두 다르다는 것이다. 그리고 고시원에 살고 있는 사람들을 겪어보니 피해의식이 강한 분들도 있다. 해당 입실자에게 부드러운 말이 더 와닿는다면 그렇게 하라. 다만 원장이 약자라고 느껴지면 더 강하게 하려는 입실자들이 있으니 주의하시라는 당부는 꼭 드리고 싶다.

내가 수강생들에게 자주 하는 말이 있다. 리더십의 다섯 가지 요소 중 한 가지가 바로 '회피'라고 말이다. 모든 사항을 정면 승부하려 하지 말고 때로는 잠시 피해보는 것도 하나의 방법이다. 문제가 되는 사람끼리 서로 해결하도록 유도하게 해보고, 오늘 당장 처리해야 하는 소방, 차단기 문제가 아니라면 고민 후에 해결 방안을 찾아보겠다고 일단 상황을 넘기는 유연함도 현업 원장님에게 필요한 덕목이라고 생각한다.

그리고 마지막으로 원장님들에게 전하고 싶은 한 가지, "장기 입실자는 말이 없다". 이 점을 잊지 말자.

⟨즉문즉답 시뮬레이션⟩

　앞에서 얻은 답변의 학습 효과로, 내가 만약 원장님이 되었다면 아래 사항에 대해 어떻게 응대할 것인지 나름대로 답변을 해보자. 나중에 실제 운영하게 될 때 지금 적은 내 답변이 실전에서 어떻게 쓰이고 어떤 결과를 낳았는지 비교하는 효과가 있을 것이다(아래 질문은 실제로 내가 받았던 질문과 민원들이다).

Q. 사전 동의도 없이 방에서 고양이를 몰래 키우고 있습니다. 어떻게 해야 하나요?

Q. 옆방 입실자가 자꾸 이성 친구를 데려와서 같이 잡니다. 원장님이 해결해주세요.

Q. 입실요금 40만 원 중 오늘 10만 원, 일주일 뒤 10만 원, 2주 후 20만 원을 드리면 안 될까요?

Q. 어제 갑자기 어머니가 입원하셨습니다. 입실요금을 다 내서 돈이 없는데 20만 원만 빌려주실 수 있을까요?

Q. 취업 때문에 이 고시원에 계약한 건데 퇴사했습니다. 다시 지방으로 내려가야 하는데, 나머지 25일 치를 환불해주실 수 있나요?

Q. 남편이 일주일에 한 번 서울로 올라오는데 같이 지내면 안 될까요?

Q. 바로 근처가 직장이라 새벽에 잠만 자고 나갈 거예요. 방 가격을 조금 깎아주실 있나요?

Q. 주방에서 나오다가 다른 입실자 물건에 부딪혀서 눈밑이 찢어졌습니다. 손해배상 가능한가요?

Q. 세면대의 물이 너무 약하게 나오고 세면대가 막힌 것 같아요.

Q. 옆방 남자가 밤에 소변보는 소리 때문에 잠에서 깹니다. 조치해주실 수 없나요?

Q. 원장님, 밤에 누군가가 혼잣말로 크게 말하고 웃는 소리가 자꾸 들려요. 무서워요.

Q. 현관 문 앞에 둔 제 우산이 없어졌어요.

Q. 오늘 월세 35만 원을 입금하려고 통장에 넣어뒀는데 휴대폰 요금 5만 원이 빠져나갔어요. 5만 원이 모자라는데 어쩌죠?

Q. 원장님은 원에 왜 자주 안 나오세요?

Q. 현관 앞에 놓인 신발 중에 안 신는 것들은 다 버려주시면 안 될까요? 들어올 때마다 냄새나고 지저분해 보입니다.

스킬업

인터뷰에서 배우다

• • •

이번 장에서는 '고시원 창업 6주 오프라인 강의'를 듣고 고시원을 창업하여 현재 열심히 고시원을 운영하고 있는 원장님들의 목소리를 담았다. 창업을 준비했을 때부터 실제 계약을 하고 운영하게 되면서 느낀 점들과 수익 현황, 입실자들과 부딪치면서 경험한 이야기들이라 예비 창업자는 물론이고 고시원에 대해 궁금해하는 분들에게 많은 도움이 되리라 생각한다.

여기 소개된 원장님들은 갑작스러운 인터뷰에도 현장에서 느낀 경험과 일화들, 느낀 점들을 아낌없이 들려주신 분들이다. 창업한 지역의 특성, 운영하면서 겪은 일, 예비 창업자들이 주의해서 진입해야 할 부분이 무엇인지 등 경험을 아낌없이 이야기해주셨다. 특히 투자금과 수익률, 공실 현황까지 솔직히 공개해주시고 갑작스러운 전화에도 시간과 성의를 다 해주신 데 대해 다시 한번 깊은 감사의 인사를 전한다(원장님들의 인터뷰 영상은 내 유트브 채널 '고시원킹'에서 시청할 수 있다). 고시원 원장님들의 인터뷰 외에 고시원 전속부동산이 어떤 과정을 거쳐 진행되는지도 소개했다.

'고시원킹' QR코드

밸류업 콘셉트로 젊은 층을 끌어들인 역삼동 고시원

"누군가에게 잠잘 공간을 마련해준다는 자부심이 있습니다. 입실자들이 이곳에서 꿈과 희망을 계획했으면 좋겠습니다."

사업자 분리로 환산보증금 기준을 맞추고, 무조건 해결할 수 있다는 마음가짐을 가지고 젊은 세대가 '밸류업하기 위한 공간 콘셉트'로 고시원을 운영하는 역삼동 원장님.

역삼동에서 39실의 고시원을 운영하는 원장님은 코로나 시기 운영을 중단했던 학사(학원기숙사) 고시원을 인수하여 지금의 고시원으로 환골탈태시켰다. 인수 당시만 해도 코로나로 타격을 받아 운영을 하지 않고 있어 100% 공실이었다. 강남 지역이라 보증금과 권리금이 높고 예상 인테리어 비용도 높았기에 아무도 쳐다보지 않던 고시원이었다. 그러나 성공할 수 있다는 적극적

창업 지역	서울 역삼동
창업 연월	2022년 2월
투자금	1억 8천만 원
인테리어 비용	1억 원
방 개수 (타입)	38실(올원룸/총무 방을 포함하면 39실)
공실 수	공실 없음 (만실)
월평균 순수익	인건비 지출 없이 직접 일할 경우 900만 원 이상

인 사업 마인드로 접근, 고시원을 안정되게 성공시키고 지금은 2호점까지 오픈했다.

그렇다면 고시원 운영 3년 차인 원장님의 월 순수익은 얼마일까? 현재 인건비 지출 없이 혼자 일해서 900만 원 정도다. 특히 원장님은 월세가 부가세 포함한 금액 880만 원으로 시작해 2년이 지난 지금은 5% 인상까

지 한 상태여서 매우 높은 편이었다. 그런 탓에 상가임대차보호법이 보장하는 환산보증금을 넘긴 상태였는데, 이를 사업자 분할로 해결하였다(지하와 지상층을 분리하여 환산보증금이 9억을 넘지 않도록 조정함).

이렇게 나가는 돈이 높다 보니 중간에 방값을 올리는 전략으로 해결했다. 처음 오픈할 때는 커피, 시리얼만 제공한 것에서 라면과 밥(쌀이 아니라)을 제공하여 서비스를 확대하였고, 이로써 방값 올리기 전 1호점 기준으로 월 순수익 800만 원이었던 것이 지금은 900만 원이 되었다. 그러나 현재 매니저를 두고 운영 중이라 인건비는 제외해야 한다(원장 혼자 일한다고 생각하면 900이 가능한 조건). 즉 월세 880만~900만 원을 내면서도 900만 원 이상의 수익을(방값이 평균 53만 원까지 올라감) 올리는 중이다.

Q. 고시원을 창업하게 된 이유

부동산에 관심이 많았다. 수익형 부동산을 많이 알아보았다. 지식산업센터 투자 경험도 있고 오피스 투자도 많이 했다. 그런데 고시원만큼 수익이 좋은 부동산과 관련된 콘텐츠는 없었다. 그래서 고시원에 접근했다. 매일매일 출근하지 않아도 되고, CCTV나 도어락을 통해 관리가 가능한 점이 장점이었다. 시간에 자율성이 있고, 그게 큰 장점으로 작용했다. 시간과 수익률, 그게 가장 좋았다.

Q. 기억나는 에피소드가 있다면

시설 이슈가 있었다. 1년 반 정도 운영이 안 되던 고시원이어서 잘 돌아가는지에 대한 검토가 힘든 상태에서 인수했었다. 실제 공사를 시작하고 보니 배관에 문제가 있었다. 배관에 찌꺼기가 껴 있어서 수도를 잠그고 배관을 살펴보니, 변기 물이 내려가는 곳이 물티슈로 막혀 있더라. 그렇게 막힌 배관을 뚫고 누수 문제를 해결한 게 가장 힘들었다. 그런데 결국은 해결이 된다.

Q. 해당 에피소드(배관)를 처리한 방법은

무조건 해결할 수 있다는 마음가짐이 중요하다. 사람 사는 방에 물이 쏟아지더라도 입실자에게 얘기하고 해결하면 된다. 해결할 수 있다는 마인드가 중요하다! 설비업자와 연락하고 무조건 해결하겠다고 생각하면 된다.

Q. 역삼동 지역만의 특색이 있다면

모든 고시원은 남성 비율이 높다(여기도 그렇다). 나도 처음에는 4개 층 가운데 2개는 남성, 1개는 혼성, 1개는 여성으로 썼는데 지금은 1개만 여성 층으로 쓴다. 남성 비율이 높으므로 굳이 성별 구분을 권하지는 않는다.

직장인, 강남 학원에 다니는 학원생, 라이더분이 많다. 강남은 특별한 직군이 있다기보다는 전반적으로 골고루 있다고 보면 된다. 연령층은 40대 후반부터 50대 이상은 받지 않으려 한다. 그 이유는, 내가 생각하는 고시원은 어쩔 수 없이 오신 분들보다는 여기서 꿈과 희망을 가지고 열심히 노력해서 밸류업을 하는 분들을 위한 공간이었으면 좋겠다는 콘셉트로 시작했기에 그렇다. '고방'에 올릴 때도 그런 콘셉트로 광고를 올렸기 때문에 자연스럽게 젊은 분들이 많이 오시더라. 나이 많은 분들이 오신다 해서 크게 거절하거나 하지는 않고, 일정이 안 맞는다거나 하는 방향으로 유연하게 거절하는 편이다.

Q. 고시원 창업에 대한 만족도(장점)와 예비 창업자를 위해 조언을 한다면

고시원 사업은 숙소와 관련된 일이라고 생각한다. 수익률, 시간적 자유, 부동산 투자의 일종 다 좋지만 내게는 누군가에게 잠잘 공간을 마련해준다는 의미가 매우 크다. 휴식의 공간을 준다는 점에서 그 의미에 집중하고 싶었다. 일종의 소명감이랄까, 그런 게 있다.

나 역시 고시원에서 오래 살았다. 그래서 이곳에서 입실자분들이 편히 쉬고 잠자면서 내일의 꿈과 희망을 계획하고 발전해나가기를 바라는 마음이 크다. 분명 이런저런 일들, 어려운 점은 늘 발생한다. 고독사 문제도 닥칠 수 있고. 그래도 분명히 모든 문제는 해결할 수 있는 일이니까 그런 생각과 마인드로 접근하시면 좋겠다.

1억 초반의 자금으로 350만 원을 버는 수원시청역 고시원

"직장 다니면서 고시원을 하는 것이 얼마든지 가능합니다. 다만 집과 고시원 거리가 중요하더군요. 오토 시스템을 갖춰놓으니 문제가 없어요."

1억 초반의 자금으로 인수 두 달 만에 수익을 올리고, 입실 대기자까지 받고 있는 수원시청역 고시원 원장님.

수원시청역 원장님은 3기 수강생으로 현재 인수한 지 몇 달 되지 않은 초보 원장님이다. 직장에 다니면서 투잡으로 운영 중이나 크게 무리는 없다고 한다. 한 가지, 전화만큼은 반드시 거르지 말고 꼬박꼬박 받을 것을 강조하며 회사를 굳이 안 다녀도 되겠다는 생각이 들 정도로 매우 만족하고 있다고 했다.

창업 지역	수원시청역
창업 연월	2023년 10월
투자금	1억 3천만 원
방 개수 (타입)	37실 (올미니룸)
공실 수	공실 없음 (만실)
월평균 순수익	350만 원 (오토 시스템으로 운영 중)

> Q. 직장인으로 오토 시스템이 정말 중요하다고 했는데 이게 자리 잡기까지 얼마나 걸렸고 어떤 걸 준비해야 하나

오토 시스템으로 바꾸는 데 두 달 정도면 충분하다. 우선 도어락이 안 되어 있는 방 문을 도어락으로 다 바꾸는 일이 필요하다.

그래야 내가 직장에 있을 때 전화로도 방을 보여드리고 계약까지 진행이 가능하다. 계약서도 빈방에 미리 준비해놓아야 한다. 그리고 아무리 직장에 있더라도 전화는 꼬박꼬박 받아야 한다. 청소 같은 것도 이틀이면 공용 공간의 쓰레기통이 다 차므로 청소 이모님을 주 3회 오시게 한다.

Q. 현재 운영 상태

현재 공실 없고 예약 대기자가 있는 상황이다. 일주일에 두 번 정도 나가고 월 순수익은 350만 원이다. 투자금 1억 초반의 물건을 찾기 쉽지 않았는데, 고시원킹의 서 대표님을 만나 운이 좋았다. 혼자 찾으러 다녔다면 어려웠을 것이다.

Q. 고시원을 창업하게 된 이유

막연히 사업을 하고 싶었다. 그래서 네이버 스마트스토어 등 이곳저곳을 둘러보았다. 그런데 직장인이고 부업으로 해야 하다 보니 오토 시스템을 알아볼 수밖에 없었다. 그러다 고시원이라는 키워드를 우연히 보게 되었고, 대표님의 책도 읽고 강의도 들은 덕에 운 좋게 고시원 창업이 가능했다. 혼자라면 창업 못 했을 것이다. 고시원이 폐쇄적인 부동산이라 일반인이 접근하기엔 쉽지 않고 아는 것도 없었기에 강의를 안 들었다면 절대 창업하지 못했을 것이다. 현재 친구도 일반 부동산을 통해 고시원 창업을 알아보고 있는데, 아직 못 하고 있다.

Q. 기억나는 에피소드가 있다면

아직 다섯 달밖에 되지 않았지만 층간소음 문제가 가장 기억난다. 고시원 위층에 유흥주점(노래방)이 있다. 임장 갔을 때만 해도 유흥주점이 장사를 하지 않고 있었다. 벌금 때문에 영업정지 상태였다가 인수 후 영업을 재개했다. 복도에서 쿵쾅쿵쾅 소리가 나서 문제였는데, 입실자분들도 이제는 소음을 인정하고 살고 있다.

Q. 해당 에피소드(층간소음)를 처리한 방법은

이렇게 시끄러우면 지금 입실자들의 민원도 민원이지만 앞으로 다른 입실자들도 안 들어올 수 있겠다고 생각해서 유흥주점 사장님과 대화를 했다. 그런데 대화가 잘 이루어지지는 않았다. 그래서 대표님에게 조언을 구해서 대표님이 하라는 대로 다시 대화를 시도했다. 그래서 지금은 조금 배려를 해주시는 덕분에 잘 지내고 있다. 너무 시끄러우면 소리를 조금 낮춰주시는 등 배려하고 있다. 입실자들도 큰 민원 없이 잘 지낸다. 이게 다 점잖은 입실자들, 위층 사장님과 협상을 잘하라는 대표님의 조언 덕분이다.

Q. 수원시청역만의 특색이 있다면

인계동 자체가 유흥가, 술집과 밥집이 많다 보니 식당 알바하시는 분들, 공사현장이 많아서 공사현장 일 하는 분들, 대리기사님들이 주 입실자들이다. 주거로 사용하는 분도 있고 단기로 사용하는 분도 있다. 원래 입실자들은 40~50대가 많았는데 인테리어를 하고 나서는 20~30대가 많아진 점이 특색이다. 실제 사진을 보니 인테리어 후 환골탈태한 것을 볼 수 있다. 상하부장도 철거하고 방도 화이트로 깔끔하게 꾸몄다. 평균 방 가격은 26만 5000원 받는데, 새로 오는 분들에 한해서 1~2만 원 올릴 생각이다.

Q. 고시원 창업과 운영하며 겪은 애로 사항이 있다면

새벽에 소방이 울렸을 때 힘들었다. 지금은 입실자분들이 확인한 뒤에 대신 꺼주시는데, 초반에는 직접 왔다 갔다 해야 했다. 소방이 울린 것은 오작동이었는데, 이게 우리 고시원 문제가 아니라 건물의 다른 층에서 울리면 전체가 다 울리는 시스템이어서 이런 일이 잦았다. 노후된 버튼 때문이었다. 우리 층에서 울리면 화재 감지기를 교체하면 되는데, 다른 층에서 그러는 것이어서 곤란했다.

Q. 고시원 창업에 대한 만족도(장점)와
예비 창업자를 위해 조언을 한다면

회사를 굳이 안 다녀도 될 정도로 너무 만족하고 있다. 다음 달에 1년 휴직을 할 예정이다. 회사는 하루에 9시간씩 다녀도 월에 300 받는 게 고작인데, 고시원은 하루 30분만 투자해도 월 350만 원이 나오니 비교가 안 된다. 지금은 자금만 있다면 한 개 더 인수하고 싶다.

시설보다 입지에 중점을 두어 안정화를 꾀한 성신여대입구역 고시원

"시설에 집중하기보다 서울, 역세권, 대학가 등의 입지에 초점을 맞추어 저렴하고 가성비 높은 고시원을 찾는 입실자들을 공략해 안정화를 꾀하고 있습니다."

어학당, 교환학생 등 외국인 학생 수요가 있는 대학가와 젊은 직장인들이 선호하는 역세권을 선택해 가성비 높게 운영하고 있는 성신여대입구역 원장님.

2기 수강생인 원장님은 인천에서 고시원을 운영하다가 양도하고 성신여대입구역의 고시원을 인수해 운영 중이다. 갑작스러운 인터뷰 요청으로 전화를 걸었던 이날, 원장님은 입실자를 응대하기 위해 아침 8시에 고시원에 나왔다고 했다. 원장님은 어느 고시원이나 장단점이 있기 마련이라고 한다.

창업 지역	서울 성신여대입구역
창업 연월	2023년 12월
투자금	2억 1,800만 원
방 개수 (타입)	48실 (올미니룸)
공실 수	10실
월평균 순수익	380만 원 이상

따라서 단점에 치중하기보다는 장점에 치중하여 운영하고 바라보는 태도가 중요하며, 무엇보다 사람을 상대하는 사업이기에 사람을 대하는 원칙과 기준을 세우는 일이 원장으로서 스트레스를 덜 받는 요령이라고 강조했다.

서울로 입성한 뒤 인수한 고시원은 비록 시설은 낙후되었지만, 그만큼 저렴한 방값에 가성비 있는 주거 공간을 찾는 외국인 학생이나 직장인들의 수요가 많다. 지금은 장기 입실자들로 대부분 방이 채워졌지만, 앞으로 입지의 특성상 젊은 층들의 유입이 더 많아질 것으로 예상한다.

Q. 현재 성신여대 고시원의 수요층은 어떠한가

어떤 고시원이냐에 따라 수요층이 달라진다고 생각한다. 프리미엄급, 원룸형, 혼합형 등. 여기는 기본적인 미니룸 구성의 고시원인데, 대학가이다 보니 학생 수요가 많다. 그러나 우리 고시원은 학생들이 원하는 퀄리티의 고시원은 아니다. 학생들은 깔끔한 원룸형 고시원을 선호한다. 성신여대역 근처로 현재 열 군데 넘는 고시원이 있다. 그중엔 1기 수강생이 운영 중인 프리미엄급 고시원도 있다. 인수 초반인 3개월 차라 현재는 공실이 있는 상태지만 곧 다 만실이 될 것으로 예상된다. 프리미엄급 고시원의 경우는 공실이 우리보다 적은 것으로 안다.

나는 시설 면에서 오래되었기에 나이대가 높은 분이 입실자로 있었고, 국내보다는 외국 학생들이 많다(방값 면에서 저렴하다 보니). 외국 학생 유치를 위해 고시페이지에 광고(한 달 무료)를 하는 중이며 네이버플레이스, 룸앤스페이스 등 온라인 마케팅도 하고 있다.

초반만 해도 단기 수요인 학생보다는 연세 있는 장기 입실자를 공략하기 위해 광고를 안 하려 했으나 온라인 광고를 하다 보니 인근 대학의 외국인 학생 수요가 있더라. 그래서 온라인 광고는 필수라는 생각을 하게 되었다.

우리 고시원의 경우 최근 2월 개강 앞둔 시점이라 학생 문의가 매우 많고, 대부분은 외국인 학생이다. 그다음으로 30~40대 인근 직장인들의 수요도 높다. 아무래도 방값이 저렴하다 보니 주거비를 아끼려는 수요자로 보인다.

Q. 인천과 서울에서 다 고시원을 운영해봤는데 거리에 대한 만족도는

인천에서는 6개월 운영했고 서울에서는 3개월째다. 시설은 인천이 좋지만 서울은 역세권이다 보니 수요 측면에서 위치가 주는 장점이 있다. 만약 예비 원장님에게 조언한다면 시설이 좋은 것은 장점이 분명하지만, 방이 채워지는 게 우선순위이기 때문에 위치(입지)에 가산점을 주라고 말하고 싶다.

Q. 대학가(성신여대)에서 하고 싶다는 분들에게 조언을 해준다면

어느 지역을 하든 장단점은 존재한다. 단점을 감수하는 자세가 필요하다. 대학가라는 곳이 학생에 따라 수요가 들고 나는 특성이 있다. 어학당이 있는 곳이라면 외국인 학생 수요가 있을 것이기에 단점보다는 장점을 보고 들어올 기회가 있다고 생각한다.

성신여대는 어학당이 있다가 없어졌다. 그래서 외국인 학생이 줄어들지 않았나 예상했는데 의외로 그렇지 않았다. 외국인 학생은 어학당으로만 입국하지 않는다. 교환학생 등으로도 많이 오기에 괜찮다. 방학 기간엔 입실자가 소폭으로라도 빠진다. 그럼에도 계절학기라든지 방학에도 잔류하는 학생들이 있어서 어느 정도의 수요 방어는 된다.

우리 고시원의 경우 내가 인수하기 전부터 살고 있는 분들이 많기에 장기 입실자 비율이 높다. 60~70%가 장기 입실자다. 그러나 최근 개강을 앞두고 있어서 외국인 학생 비율이 높아지는 추세다.

> **Q. 고시원 창업에 대한 만족도(장점)와
> 예비 창업자를 위해 조언을 한다면**

고시원 창업을 생각하는 사람 대부분이 내 공수(工數)가 적게 들어가는 것에 점수를 주는데, 사람을 상대해야 하는 부분이나 운영 측면에서 자신만의 운영법을 파악기까지 많은 공수가 들어가야 한다는 것을 알아야 한다. 내 경우 3개월이 지나가면서 고시원에 출퇴근하는 횟수가 줄어들었는데, 그 전까지는 미납이나 시설 관리 등을 알아가는 과정에서 내 시간을 많이 투자했다. 그러지 않으면 운영 면에서 힘든 상황을 만나게 된다.

고시원은 무인 점포가 아니다. 사람이 사는 곳이므로 이슈가 발생할 수밖에 없다. 최소 10~20명, 많게는 60명이 같은 공간을 쓰므로 내부적으로도 분쟁, 갈등이 자주 생긴다. 여기서 내 노동력과 정신적인 부분의 투입을 최소화하겠다고 생각하는 순간부터 고시원 운영은 산으로 가게 된다. 다툼은 문제지만 본인이 손을 놓는 순간 월세 미납, 시설 관리 등 원장의 관리 영역을 넘어가게 된다.

그래서 처음 시작할 때 사람과 운영에 대한 명확한 원칙을 정하는 게 좋다. 내가 생각한 범위 이상의 상황이 많이 발생한다. 이럴 때마다 스트레스를 받으면 운영 자체가 불가능해진다. 그러므로 내 노동력을 최소화한다는 것으로 시작하기보다는, 경험을 많이 하겠다는 각오로 임하고 인정보다는 원칙과 기준에 따라서 사람을 응대해야 한다. 그리고 이 기준이 일관되고 단호하게 적용되어야 한다. 내 경우 3개월 전까지는 매일 나왔고, 3개월 지난 지금은 나오는 횟수가 줄어들고 있다.

다양한 수요층으로 입실 밸런스를 맞추고 있는
송도 지식정보단지역 고시원

"창업부터 지금까지 만실 아닌 적이 없었습니다. 전화 문의가 너무 많이 와서 전화를 아예 안 받고 문자만 받고 있습니다."

인천 내에서도 높은 방값을 받을 수 있고 수요층도 학생부터 건설 현장 근로자, 직장인까지 다양해 만족도가 높다는 지식정보단지역 고시원 원장님.

지식정보단지역 고시원 원장님은 이곳에서 고시원을 운영한 지 1년이 되었다. 거주지인 안산에서 떨어진 송도를 택한 것은 아이가 아직 어려 남편의 도움이 필요할 것 같아 남편의 직장 근처로 잡았기 때문이다. 그런데 오히려 그것이 좋은 기회가 되어, 지금은 1년 내내 만실을 채울 뿐 아니라 입실

창업 지역	인천 송도 지식정보단지역
창업 연월	2023년 3월
투자금	1억 9,500만 원
방 개수 (타입)	27실 (올원룸)
공실 수	공실 없음 (만실)
월평균 순수익	450만 원 후반

문의도 끊이지 않는다. 송도는 인천 지역 내에서도 방 가격이 상대적으로 높은 데다가 수요층도 대학생부터 건설현장 근로자, 직장인까지 다양한 덕분이다.

안산에 거주하는 원장님은 송도까지 지하철로 1시간 걸리지만, 일주일에 1~2회 정도만 방문하므로 큰 무리는 없다. 고시원 인수 시에는 셀프로 보수하고 집기 추가하는 것 정도만 했을 뿐 추가 인테리어 비용을 들이지 않아 투자금 외의 비용이 거의 들지 않았다.

인수 당시엔 송도 지역을 잘 몰라 꺼렸지만, 당시 고시원킹 서 대표님의 지인 원장님이 강남보다 문의가 많은 곳이라며 해당 지역의 수요를 분석해주신 덕분에 용기를 내 인수했다. 1년이 지난 지금은 매우 탁월한 선택이었다고 생각한다.

Q. 고시원을 창업하게 된 이유

남편이 직장인인데 외벌이에 대한 부담이 있었다. 그래서 추가 수입을 창출하기 위해 사업이나 재테크 등도 알아보던 중에 우연히 대표님이 쓴 책을 읽고 창업을 결심하게 되었다. 지금 차리고 보니, 책만 읽고 창업을 하기에는 힘들 것 같다. 고시원은 특수 물건이라 부동산 잘 만나는 게 중요한데 대표님이 연결해준 전속부동산이 도움이 되었다.

창업하고 보니 혼자 운영하기에 좋다. 아이가 어려 직장다니면서 케어하기 힘든데, 고시원 운영은 둘을 병립할 수 있어 아주 좋다.

Q. 기억나는 에피소드가 있다면

고시원에서 누수 문제는 반드시 생긴다는 사실을 감안하고 시작해야 한다고 해서 마음을 먹고 임했다. 무슨 문제든지 해결하면 된다는 대표님의 말씀을 믿었기에 별 문제 없었다. 누수 업체, 방수 방법 등을 대표님의 조언을 듣고 해결할 수 있었다.

누수 문제가 발생할 때는 관련 업체를 찾아보고 인터넷 검색도 하면서 해결하면 된다. 그 과정에서 그 경험치가 쌓이면 나만의 자산이 되어 좋다. 누수 잡는 비용은 총 100만 원 정도 들었다. 첫 번째 작업에서 누수를 잡고, 같은 자리에 또 생겨서 한 번 더 작업했다. 누수는 업체를 잘 만나는 게 무엇보다 중요하다.

Q. 송도 지역만의 특색이 있다면

주변에 대학교가 많아서 대학생 입실 문의가 많다. 학기 시작하기 전인 2월과 6월에 주로 입실자와 문의가 몰린다. 그런데 대학생으로 입실이 안 채워져도 건설 현장 근로자와 직장인들의 문의도 꾸준해서 만실을 채우는 데 문제는 없다. 이 밸런스가 오히려 좋다. 방 가격은 47만 원(외창)이다. 송도는 토지가도 비싸고 임대료도 비싸고 해서 같은 인천 지역 내에서도 방 가격이 비싼 편이다. 인천 내 다른 지역은 45만 원 선으로 안다.

**Q. 고시원 창업에 대한 만족도(장점)와
예비 창업자를 위해 조언을 한다면**

만족도는 85%다. 15% 만족이 안 되는 이유는 불안감 때문이다. 새벽이나 밤늦은 시각에 민원이 오는 문제 같은. 연락이 오는 이유는 주로 소방 때문이다. 차단기가 떨어진 적도 있고, 처음에는 이 문제로 스트레스가 많았지만 이것도 시간이 지나니까 괜찮아졌다.

40대 초반 아이를 키우는 고시원 2년 차 여성 원장 입장에서 조언한다면, 무조건 경험해보시라고 권하고 싶다. 설사 중간에 그만둔다 하더라도 자본금을 날리게 되는 사업이 아니므로 겁먹지 말기 바란다. 그래도 두렵다면 고시원킹 대표님 같은 분의 도움을 받으면 된다. 경험자들을 멘토 삼아서 하면 된다.

고시원 운영에서 중요한 것은 방을 깔끔하게 유지하고 문의가 왔을 때 대처를 얼마나 잘하느냐에 있다고 생각한다. 내 경우 문의가 오면 설사 전화를 못 받을지라도 문자로 모든 정보를 보내준다. 계약을 하든 안 하든 예비 입실자일 수 있으니까 정확하고 구체적인 정보를 모두 제공하는 것이다. 이런 태도가 젊은 사람들에게는 신뢰와 믿음을 주는 데 도움이 되었다.

방의 가치를 높여 수익률을 크게 올린 강서구청 인근 고시원

"방의 가치를 올려 창업 초기 예상 수익 650만~800만 원을 훨씬 넘는 월 900만 원을 벌고 있습니다."

회사에서 퇴근하고 고시원으로 출근하는 생활을 한 지 8개월째이지만 돈 버는 보람이 커서 힘든 것을 잊는다는 '여의도 분석가' 원장님.

원장님은 2기 수강생으로 고시원을 창업한 지 8개월 되었고 여의도에서 직장을 다니는 분이다. 투잡으로 하는 게 가능하긴 하지만 힘들지 않다고 하면 거짓말이라고 했다. 퇴근 후 고시원으로 다시 출근해야 하니까. 인테리어 비용은 100만 원으로 소소하게 방을 꾸미는 데 썼다. 가양역에서 도보로 18분 거리에 있는 고시원이라 역세권이라고 보기

창업 지역	서울 강서구청 (가양역 인근)
창업 연월	2023년 6월
투자금	3억 2천만 원
인테리어 비용	100만 원
방 개수 (타입)	35실 (올원룸)
공실 수	공실 없음 (만실)
월평균 순수익	900만 원

는 어렵지만, 35실을 다 채웠고 대기 예약자까지 두고 있는 상황이다.

보수적으로 계산해서 800만 원을 예상하고 창업했는데, 다행히도 900만 원의 수익을 올리는 중이다. 이렇게 수익이 오른 데에는 방의 가치를 올려 평균 방값을 (46만 원에서 48만 원으로) 올린 데 있다. 사진을 잘 찍고 방을 깔끔하게 꾸미는 데 주력했다. 인수 당시 6개 방이 공실이었는데, 인수 이후 만실이 된 것도 그 덕이다. 원장님은 고시원 창업 후 관련 강의와 컨설팅도 하고 있다.

Q. 고시원을 창업하게 된 이유

모든 직장인의 꿈은 퇴사라고 생각한다. 다들 사표를 가슴에 품고 출근한다고 생각한다. 다만 실제 사표를 던질 수 있느냐 없느냐는 나에게 현금흐름이 있냐 없냐의 차이라고 본다. 그런 의미에서, 나는 퇴사를 꿈이 아닌 현실로 만들기 위해서 창업을 결심했다.

남들이 보기에 좋은 직장을 다니는데 퇴사를 원하는 이유는 사람마다 원하는 삶의 가치가 다르기 때문일 것이다. 내 경우에는 돈보다 워라밸이 중요했다. 무엇보다 가족과 보내는 시간이 중요했다. 돈만 버는 기계가 될 수는 없었다. 돈도 벌고 가족과 시간을 보낼 수 있는 창업 아이템을 찾다 보니 고시원을 하게 되었다.

Q. 기억나는 에피소드가 있다면

고시원은 크든 작든 매일매일 에피소드가 쏟아지는 곳이다. 최근에는 1년 넘게 사는 장기 입실자가 갑자기 다음 달에 두 달 치를 내겠다고 하면서 미납했던 일이다. 그분은 친구가 돈을 가지고 사라졌다며 당시 상황을 설명해주었다. 그래서 대화를 통해서 서로 협의하에 (당분간 고시원에 들어오지 않으니 방 문을 잠가도 된다 해서) 적절한 조치를 취했다. 그분이 잠수를 탄 것도 아니었고 전화 통화가 계속 가능했던 데다 2주 안에 미납 문제를 해결하겠다고 해서 다른 분을 받지 않은 상태에서 기다릴 수 있었다. 이후 미납 문제는 잘 해결되었다.

Q. 해당 에피소드(미납자)를 처리한 방법은

대화가 중요하다. 나는 '미납'과 '명도'는 친구처럼 지내는 사이라고 생각한다. 최고의 명도는 '설득'이다. 서류까지 전달하는 상태로 가면 법적으로는 결국 이기겠지만, 그때까지 시간도 많이 소요되고 스트레스도 받을 것이다. 설득해서 서로 아무 탈 없이 해결하는 게 가장 현명한 방법이라고 생각한다.

Q. 강서구 지역만의 특색이 있다면

강서구는 '무(無)특성'이 특성이라고 할 수 있다. 무계획이 계획이라는 말이 있듯이. 대학가라면 뚜렷하게 대학생 수요가 있고 노량진이라면 뚜렷하게 공시생이 메인 수요가 되겠지만, 강서구는 이 같은 뚜렷한 타깃층이 없다. 공항 가는 라인이어서 공항 쪽 수요가 있을 거라 예상할 수 있지만 거리가 가깝지 않아 그쪽 수요도 있다고 볼 수는 없다. 어떻게 보면 잡식성이라고 할까? 젊은 분, 연령대 있는 분, 근처에 대학교도 있고 종합병원도 있고, 또 공항 가는 길에 있는 마곡 지역의 LG 쪽 본사로 출장 오는 분들도 있어서 수요층이 다양하다. 뚜렷한 타깃층은 없지만 모두를 타기팅할 수 있는 위치라고 생각한다.

Q. 고시원 창업에 대한 만족도(장점)와
예비 창업자를 위해 조언을 한다면

고시원에 대한 만족도는 나와 아내 모두 매우 높다. 이것은 내

성격과도 연관이 있는데, 고시원을 위해 태어난 것같이 나와 잘 맞는다. 이것저것 많이 하며 살아왔다. 전문 사진작가로도 활동하며 살아왔는데, 고시원을 운영하면서 고시원 방을 잘 찍어 마케팅에 활용할 수 있어 운영하는 데 도움이 되었다.

그리고 나의 강점은 사람 상대를 잘한다는 점인데, 고시원이 서비스업이고 사람을 상대하는 비중이 크다 보니 내게는 크게 스트레스가 없고 운영하는 데도 많은 도움이 되더라.

예비 창업자에게 하는 조언이라면 현실을 직시하고 공부를 많이 하기를 권한다. 실제 고시원 참고 관련 강의에서는 나쁜 점에 초점을 두고 말하는 편이다. 업 자체가 나쁜 상황이 많이 벌어지기 때문이다. 면전에서 쌍욕 듣는 일도 벌어진다. 세상에 다양한 사람이 많음을 알게 되고 그 사람들을 겪게 된다. 그 부분에서 이야기해주는 사람이 적기 때문에, 그런 면에서 스트레스를 많이 받는 사람이라면 이 업이 안 맞을 수 있으니 시작하기 전에 나와 맞는지 안 맞는지, 나는 어떤 사람이고 이 사업은 어떤 사업인지를 알고 시작하는 게 좋다. 나는 창업할 때 많이 하는 말이 지피지기면 백전백승이라는 말을 강조한다. 어떤 사업이든 내가 어떤 사람인지를 파악해서 나와 맞는 것을 찾아서 하기를 바란다.

월 100만 원짜리 고시원을
400만 원짜리로 탈바꿈시킨 부천시청역 고시원

"월 100만 원도 안 나오던 고시원을 인수 후 순수익 400만 원으로 올리고 공실 없이 운영하고 있습니다."

과거로 돌아간다면 지금보다 더 빨리 고시원 창업을 시작했을 거라며, 초보자라면 믿을 만한 컨설팅 업체와 강사의 도움을 꼭 받으라고 권하는 30대 대기업 직장인 원장님.

30대 대기업 직장인이기도 한 원장님은 신중동역과 부천시청역 인근에서 27실의 고시원을 운영 중이다. 운영하는 고시원이 원룸과 미니룸 혼합형인데, 원룸 채우는 것은 일도 아니라고 표현할 정도로 미니룸과 원룸의 차이를 느낀다고 했다. 그래서 수요 측면에서도, 운영 측면에서도 초보 원장이라면 미니룸보다는 원룸을 권한다.

창업 지역	부천 부천시청역
창업 연월	2023년 1월
투자금	1억 2천만 원
인테리어 비용	2천만 원
방 개수 (타입)	27실 (원룸 21/ 미니룸 6)
공실 수	공실 없음 (만실)
월평균 순수익	400만 원

그러나 창업한 지 1년 남짓 된 지금 공실 없이 운영 중이며 한 달 순수익을 400만 원에 맞추고 있다. 인수할 당시에는 수익이 월 100만 원도 안 나오는 터라 사기당한 줄 알았다는 원장님은 인수 후 공과금을 조절하고 방 세팅도 다시 하고 해서 400만 원으로 올린 상태다. 이 점만 봐도 누가, 어떻게 운영하느냐에 따라 고시원의 컨디션이 달라진다는 것을 알 수 있다.

고시원 시장은 '광고'가 닫혀 있는 폐쇄적인 시장이다. 그래서 좋은 컨설팅 업체와 강사를 만나는 게 무엇보다 중요하다고 원장님은 강조한다.

Q. 직장 다니면서 고시원을 창업하게 된 이유

창업을 준비하는 분들이나 창업에 관심이 있어 영상을 보는 분들의 마음은 다 비슷할 텐데, 직장인이라면 소득에 대한 고민이 저마다 있을 것이고, 은퇴 후 삶에 대한 계획이 다들 있을 것이다. 나 역시 언젠가는 퇴사하게 될 텐데 그에 대한 준비를 하고 싶었다. 그런데 나는 그 계획과 준비를 고시원 창업으로 좀 더 빨리 했으면 좋겠다고 생각해서 창업하게 되었다.

내가 창업을 결심하게 된 그때도 이미 늦은 게 아닌가 싶은 생각을 했다. 내가 인수했던 당시만 해도 고시원 권리금이 점점 올라가고 있었기 때문이다. 그리고 해보니 고시원은 운영하기 나름이더라. 그래서 만약 그때로 돌아간다면 더 빨리 하지 않았을까 생각한다.

**Q. 고시원 창업에 대한 만족도(장점)와
예비 창업자를 위해 조언을 한다면**

고시원 물건을 많이 봤으면 좋겠고, 좋은 강사님을 만나서 조언을 얻으면 좋겠다. 그게 정말 중요하다. 고시원은 정말 '광고'가 닫혀 있다. 그래서 일부 안 좋은 컨설팅 업체나 중개업소가 있다. 그들은 매도하는 사람 편에 서기 때문에 초보 원장에게는 불리한 시장일 수밖에 없다. 그래서 서포트해주는 사람이 중요하다고 생각한다.

  그래서 너무 과하지 않은 컨설팅 비용을 지불하고 도움을 받으라고 권하고 싶다. 일례로 500만 원을 쓴다고 해도 500만 원 이상의 혜택을 받을 수 있다고 생각한다.

  고시원을 운영하다 보면 고시원 중개사들로부터 전화를 많이 받는다. 이들 중개사들은 다 원하는 가격에 매도해주겠다고 말한다. 이런 시장 환경에서 자기 물건을 싸게 팔고 싶은 원장은 없다. 그래서 자기가 마음속에서 생각했던 가격보다 적게는 2천만~3천만 원, 많게는 1억까지 높여서 브리핑을 하는 경우가 많다. 그렇기 때문에 완전 초보자들에게는 이런 매물들만 들어오게 된다. 좋은 매물을 저렴하게 살 수 있는 기회 자체를 가질 수 없다는 이야기다. 좋은 매물은 중개사분들도 기존에 운영하던 원장님들, 즉 수수료 많이 주는 사람에게 갈 것이기 때문이다. 법정 수수료는 300만 원 정도인데, 프로 원장님들의 경우 1천만 원 이상의 수수료를 주고 매수하기도 한다. 그만큼의 가치를 알아보기에 그렇다.

  나 역시 2호점을 알아보느라 임장을 하고 있는데, 데이터상으로 말도 안 되는 물건이 나오는 경우도 많더라. 그런 부분까지 공부해서 들어가기 어려우니 경험 있는 사람, 경험해본 강사의 도움을 받으라고 권하고 싶다. 그 비용 아끼려다가 '당할' 수 있는 시장이다.

창업을 준비하는 분들은 인테리어나 운영을 고민하고 준비하기보다는 좋은 수업을 듣고 좋은 물건을 하루라도 빨리 인수해서 한 달이라도 경험을 빨리 시작하는 게 좋다고 본다. 본인이 1년을 공부하는 것보다 완벽하지 않은 매물을 인수하더라도 한 달이라도 먼저 운영해보는 게 훨씬 경험이 된다고 생각한다.

Q. 컨설팅 이야기가 나와서 묻는다.
컨설팅하는 사람이 많은데 고시원킹에게 컨설팅을 맡긴 이유는
예비 창업자들은 유명한 컨설턴트나 업체를 다 알아보고 공부하고 시작한다. 그런데 서 대표님은 방향이 달랐던 것 같다. 어떤 업체는 5천만 원에서 1억 원 정도 리모델링에 투자해 방값을 올리라는 컨설팅을 해주고, 꼭 신설 물건으로 해야 한다는 컨설팅 업체도 있다. 그런데 그 방향보다는 서 대표님이 하고 계신 방향이 나와 맞다고 생각했다. 깔끔한 고시원을 인수해서 부분 리모델링을 하고 정상화를 시켜서 운영하라는 것이 나와 잘 맞았다.

Q. 부천시청역만의 특색이 있다면
나의 경우 여성분은 거의 없고, 20~30대 남성이 주 수요층이다. 처음에 여성 위주의 콘셉트로 맞추다가 지금은 2030 남성들을 타깃층으로 맞추었다. 그래서 홍보 모델도 수요층에 맞게 젊은 남성 모델로 맞추어 홍보하고 있다. 그렇게 하다 보니 웨이팅(대기자)까지 생겼다. 아예 20~30대만 사는 공간이라는 콘셉트로 정해서 운영하고 있다. 부천에서 창업하는 분들은 이 점을 참고하시면 좋겠다. 간혹 간호실습생분들이 있긴 해서 일주일 단기 입실로 받기는 했는데 요즘은 그런 방식으로는 입실자를 안 받고 있다.

> **Q. 기억나는 에피소드가 있다면**
>
> 신축이 아니다 보니까 화장실 물이 새는 경우가 계속 일어났다. 이 일만 아니었다면 나는 고시원에 거의 출근할 일이 없었다. 이 일로 초기에는 일주일에 한 번씩 나갔다. 그러나 지금은 한 달에 한 번 정도만 나가도 운영이 가능하다. 처음에는 소방이 울리기도 해서 직장에서 달려가기도 했다.

> **Q. 한 달에 한 번 나가도 가능한 이유와**
> **해당 에피소드(소방)를 처리한 방법은**
>
> 모든 입실자들에게 소방 끄는 방법을 알려주어서 해결했다. 이전에는 소방이 울리면 무조건 꺼줘야 하기에 무조건 쫓아갔는데, 이 방법을 쓴 뒤로는 한 달에 한 번 나가도 충분하다. 입실하면 오리엔테이션처럼 무조건 소방 끄는 법을 알려준다.

그리고 계약 사항을 간략하게 적어서 문자로 진행하기에 한 달에 한 번 나가도 무리가 없다. 입실자들도 이제는 고시원에 원장이 없는 게 당연하다고 생각하고 생활한다. 청소하는 분들이 계셔서 그때그때 필요한 연락을 해주어 가능하다. 내 문자 상단에는 계약서 성립 문구가 적혀 있어 필요한 계약 사항과 함께 입실자에게 전달하여 진행한다. 처음에는 종이 계약서로 진행했는데, 그것도 번거롭다고 하는 분들이 있어서 바꾸었다. 이런 방식으로 나는 입실자들과 만나는 일들을 조금씩 조금씩 줄여나가는 방식으로 운영하고 있다. 만약 오늘 고시원에 나간다면 '내가 오늘 무슨 일 때문에 나왔지? 그러면 어떻게 하면 다음번에 안 나올 수 있지?' 하는 부분들을 고민해서 안 나오는 방식을 찾았다. 나는 직장과 고시원의 거리가 1시간 30분쯤 걸리기에(집에서 고시원은 30분) 나가지 않는 방식을 찾았다.

> **Q. 30대 남성 직장인, 예비 창업자들에게 한마디 해준다면**

일단 시작해야 한다. 시작하고 난 뒤에 하나씩 하나씩 해결하면 된다. 절대 공부해서 할 수 있는 일이 아니므로 실제 경험을 먼저 하기를 권한다.

시간적 여유와 월 350만 원 수익을
모두 달성한 안산 중앙역 고시원

"전업주부로 있다가 창업한 육아맘! 아이가 학교에 간 시간을 활용해 돈도 벌고 있습니다."

아이들이 학교에 있는 9~14시 시간대를 얼마든지 활용할 수 있으므로 여성이 도전하기에는 메리트가 큰 사업이니 두려워하지 말고 도전하라는 원장님.

창업 지역	안산 중앙역
창업 연월	2023년 4월
투자금	1억 7,500만 원
인테리어 비용	도배 비용 소액
방 개수 (타입)	34실 (올원룸)
공실 수	공실 없음 (만실)
월평균 순수익	350만~400만 원

안산 중앙역 고시원의 원장님은 초등학생을 키우는 엄마다. 인터뷰 통화를 하던 전날엔 셀프 도배를 했다고 한다. 10개월 차에 접어든 원장님은 일주일에 1~2회만 고시원에 나간다고 했다. 처음 한두 달만 자주 나가 보았고, 3개월 차부터는 청소업체를 고용하면서 자주 안 나가도 안정적으로 운영되고 있다고 했다. 초기에 소방이 자주 울려 곤란했으나 전체 화재감지기를 교체하고 난 뒤로는 조용하다고 했다. 현재는 월평균 350만~400만 원의 수익을 올리고 있다.

육아맘인 원장님은 여성, 주부들이 하기에 고시원은 메리트가 정말 큰 사업이라고 말한다. 아이들이 학교에 가 있는 오전 9~오후 2시 사이의 시간만 활용해도 충분히 운영이 가능하며, 비대면 운영, 오토 시스템 운영이 얼마든지 가능한 사업이기 때문이다. 비교적 소자본으로 투자해서 수익률이 높은 것도 큰 장점이므로 주변에 고시원 창업을 마음에 두고 있는 사람이 있다면 꼭 도전해보라고 말하고 싶다고 했다.

Q. 기억나는 에피소드가 있다면

벼룩파리 사건이 가장 기억에 남는다. 주방과 공용 공간에 초파리가 많다는 민원이 들어와 방역을 열심히 했는데 전혀 줄어들 기미가 안 보였다. 그래서 특정 방에서 문제가 생긴 것은 아닌가 짐작하고 방을 돌아다녀보았다. 벼룩파리가 가장 많이 모여 있는 방을 찾아 문을 열어봤더니, 배달 음식을 먹고 나서 방에 그대로 쌓아두어서 생긴 일이었다. 음식 용기가 너무 많이 쌓여 있어서 벼룩파리가 체감상 1만 마리는 되어보였다. 멘탈이 흔들릴 정도였다. 곧장 쓰레기봉투를 가져와서 치웠다.

Q. 해당 에피소드(벼룩파리)를 처리한 방법과 이런 일을 겪는 원장님들에게 조언한다면

우선 모든 쓰레기를 싹 다 버려야 한다. 장판까지는 아니어도 도배는 새로 하는 게 좋다. 벼룩파리 때문에 한다기보다는 음식물을 방치하게 되면 벽에도 음식물이 묻어 있을 것이다. 벼룩파리의 경우는 포충기(捕蟲器)를 방과 주방에 놓고 처리한다.

나는 파리나 모기 잡는 전기체를 활용하기도 했다. 공용 공간에 계속 돌아다니기 때문에 내 손으로 보이는 족족 잡았다. 다 없어지기까지 일주일 정도 걸렸다. 먹다 남은 음식물 용기를 쌓아두는 바람에 벼룩파리를 발생시킨 그 방은 비워두었고, 입실자는 곧바로 퇴실 조치했다.

> **Q. 안산 중앙역만의 특색이 있다면**

고시원의 수요층이 왔다 갔다 하는 편이다. 학생 비중은 적고 직장인 비중이 높다. 공단으로 출퇴근하는 분도 있고 배달 일을 하는 분들도 많은 편이다. 남녀의 비중은 7 대 3 정도 된다. 남성 입실자가 훨씬 많다.

> **Q. 여성 전용으로 하려고 하는 분들에게 해줄 말이 있는지**

굳이 그렇게 운영할 필요는 없다고 생각한다. 안산 지역은 남성 수요자가 더 많으므로 여성 전용으로 하면 수요가 줄어들 것이다. 하는 지역에 따라 수요 조사를 해서 선택하는 게 좋다고 생각한다.

> **Q. 고시원 창업에 대한 만족도(장점)와**
> **예비 창업자를 위해 조언을 한다면**

고시원은 주부에게 정말 좋은 사업이라고 생각한다. 육아맘이 하기에 만족도도 높고 사업 메리트도 있다. 비대면으로 거의 해결되는 장점이 있는 데다가 아이들이 학교 가는 시간을 활용하면 얼마든지 운영이 가능하므로 시간적으로도 여유가 있다. 1억 7,500

만 원을 투자해서 한 달에 400만 원 수입을 올리는 것도 매우 만족스럽다.

Q. 여성 원장으로서 아이 키우는 주부, 여성, 30~50대 여성들에게 해줄 수 있는 조언이 있다면

여성이라고 해서 고시원 창업을 너무 두려워할 필요는 없다. 여자라서 상대방이 얕잡아본다거나 사건 사고가 일어났을 때 제대로 대응을 못할까 봐 무서울 수 있는데, 현실은 생각만큼 나쁘지 않다. 고시원도 다 사람 사는 데다. 말 예쁘게 하는 사람에게 예쁜 말이 돌아온다. 서로 심하게 대한나거나 문제가 생길 일은 거의 없다. 두려워하지 마라.

그러나 마음만은 단단히 먹고 진입하는 게 좋다. 설렁설렁 해서 되는 사업은 아니다. 멘탈을 다잡고 하시면 좋을 것이다.

'인수 먼저', '수강 나중'으로
고시원 창업 케어를 받은 모란역 고시원

"싱글맘의 홀로서기, 고시원으로 이루었습니다. 전혀 해보지 않은 일이었지만 고시원킹 대표님을 믿고 도전해 성공했습니다!"

고시원을 안 해본 사람의 말은 들을 필요 없고, 자금이 마련된다면 하나 더 하는 게 목표라며 '든든한 멘토님이 있어 나는 오늘도 점점 강해진다'고 강조하는 원장님.

4기 수강생인 원장님의 고시원은 성남 모란역에서 도보로 1분 거리에 있는 초역세권이다. 이 원장님은 고시원을 먼저 인수하고 난 뒤에 '고시원킹의 6주 창업 강의'를 들었다. '인수 먼저', '수강 나중'의 순서로 진행했지만, 나는 원장님께 고시원 인수 과정에서 필요한 도움을 드리고 마케팅과 운영 전반에 관한 조언도 해드렸다. 특히 운영하면서 부딪치는 여러 문제를 강의 시간은 물론이고 강의 전후로 많이 상담해드려 일어날 수 있는 다양한 문제를 원만히 해결하시도록 도왔다.

창업 지역	성남 모란역
창업 연월	2023년 10월
투자금	3억 3,500만 원
방 개수 (타입)	24실 (올원룸)
공실 수	공실 없음 (만실)
월평균 순수익	680만 원

한 가지, 고시원 계약부터 나와 같이 판단하고 시작하셨더라면 투자금액 대비 수익구조가 조금이라도 더 높은 물건을 고를 수 있었을 텐데 하는 점은 아쉬움으로 남는다(그러나 당시 원장님은 아이를 키우면서 운영할 수

있는 지역을 정해놓고 물건을 찾았기에, 적합한 물건이 나왔을 때 빨리 인수해 한 달이라도 빨리 수익을 내는 게 우선순위였다. 그런 점에서 보면 원장님의 선택도 합리적이었다는 생각이 든다).

원장님은 싱글맘으로 아이를 키워야 했기에 초반 인테리어 등에 매달리고 마음을 쓸 여유가 없었다. 그래서 비용을 더 들이더라도 시설이 갖추어진 곳을 찾았고, 그 전략이 유효해 인수 뒤 곧바로 운영을 시작할 수 있었다. 현재 원장님의 고시원은 입실 예약자가 몇 달씩 대기할 정도로 잘 운영되고 있다. 지금은 24실뿐인 방의 개수가 무척 아쉬울 정도라고 말하는 원장님은 혼자 아이를 키우면서 안정된 수익을 올릴 수 있는 창업 아이템으로 고시원을 택한 것이 신의 한수였다고 말한다.

Q. 고시원을 먼저 계약하고 6주 창업 강의를 들었는데 차이점이라면

고시원을 먼저 인수하고 강의를 들은 게 맞다. 혼자 초등 저학년 아이를 키우면서 생계도 해결해야 했기에 마음이 조급하고 또 상황도 절박했다. 그래서 원하는 지역에 고시원이 나왔을 때 계약을 서둘렀다. 그리고 나서 고시원킹 서 대표님의 도움을 받아 인수 과정, 초반 운영과 시스템 등에 관한 설명을 듣고 도움을 받았다. 특히 내 경우 강의를 수강하면서 운영을 동시에 했기에 실질적인 도움을 더 많이 받을 수 있었다.

지금은 방 개수가 좀 더 많은 고시원을 했더라면 좋았겠다는 아쉬움이 크다. 방이 5개만 더 있었더라면 월 순수익 200만 원이 더 올랐을 거라고 생각하니 그렇다. 애초에 고시원을 계약할 때는 공실이 9개나 있었는데 서 대표님의 조언에 따라 움직이니 다음 날부터 공실이 채워져 자연스럽게 돈이 세이브되었다.

반면에 내가 돈을 받아본 적도 없는 입실자로부터 퇴실하겠다는 문자가 왔을 때는 불안한 마음도 컸다. 그러나 당시 대표님께서 온라인 광고 마케팅을 직접 세팅해주며 도와주셨는데, 신기하게 얼마 지나지 않아서 공실이 다 채워졌고, 입실 대기자 전화를 하루에도 몇 통씩 받는 지경에 이르렀다.

Q. 고시원은 매물만 잘 잡으면 만사형통이라고 생각하지만 실제로는 운영하는 게 중요하다. 운영과 관련해 해주고 싶은 말이 있다면

내 경우 인테리어도 손볼 데 없을 정도로 깨끗한 고시원을 찾아 인수했다. 덕분에 권리금도 많이 지불했다. 그래서 더더욱 깨끗하게 운영하는 걸 중요하게 생각한다. '이렇게 깨끗한 고시원 있으면 나와 보라고 해' 할 정도로 청소를 깔끔하게 하려 애쓴다. 그러나 그 깔끔함은 어디까지나 '나만 아는 것'이고 나만 알아주더라.

우리 고시원은 여성 전용이다. 대개 고시원 이용자의 90% 이상이 남성인데, 나는 시작부터 여성 전용이라는 카피를 내걸고 시작했다. 전 원장님도 룸앤스페이스, 고방 등에 이 카피를 내걸고 운영한 것으로 안다. 나 역시 잔금 치를 때 동일한 조건으로 치르기도 했다.

그런데 인수하는 날(금요일) 다음 날인 토, 일에 문의가 와야 했는데 전화가 정말 한 통도 없었다. 퇴실자가 나와 빈방이 생기는데 문의가 단 한 통도 오지 않아 청소가 무색했던 기억이 난다.

그러다 한 달 후 11월에 6주 강의를 들으면서 대표님의 적극적인 개입과 도움으로 마케팅을 손보았더니 변화가 찾아왔다. 대표님은 마케팅 세팅을 바꾸어주시고 내 마인드도 바꾸어주셨다. 그랬더니 일단 문의 오는 것부터 달라졌고 내 마음을 바꾸자 공실이 채워졌다. 공실로 놔두느니 방값을 빼주더라도 공실을 채우는 것이 중요하다는 사실을 그때 알게 되었다. 대표님이 방향을 잡아주신 게 정말 유효했다. 수강을 들은 게 주력했다고 본다.

Q. 모란역만의 특색이 있다면

우리 고시원은 여성 전용이어서 여성 직장인이 대부분이다. 2월 말인 현재는 3월 개학을 앞둔 학생들의 문의가 굉장히 많이 온다. 네이버 알림(고방 등의 광고)을 꺼놓은 지가 오래되었는데도 문의가 너무 많이 와서 방해를 받을 정도다. 현재는 공실이 없어 학생들을 아예 받지 못하지만, 만약 상황이 허락되었다면 학생까지 고객층이 확장되었을 것이다.

입실자는 직장인이 대부분이나 중간에 빈방이 생겼을 때 입실한 외국인 네 분, 판교로 인턴십을 다니는 두 분 등 구성은 다양한 편이다.

> **Q. 고시원 창업에 대한 만족도(장점)와
> 예비 창업자를 위해 조언을 한다면**

나는 영어 강사를 하다가 고시원을 창업하게 된 경우다. 싱글맘이 된 후 아이를 키우면서 돈을 버는 일을 찾고 있었다. 나 같은 싱글맘이 있다면 강력히 추천한다. 싱글맘에게 가장 중요하고 소중한 것은 시간이다. 그런데 고시원은 아이를 데리고 출근할 수 있는 업장이다. 고시원의 사무실이나 주방 등 공용 공간에서 아이가 숙제를 하는 사이 나는 일을 보면 된다. 공실이 있을 경우에는 그 방을 활용해도 된다.

나는 나와 같은 처지에 있는 분에게 고시원 사업을 강력히, 진심으로 권한다. 고시원 창업 전에는 이 일을 맞닥뜨린다는 게 매우 두려웠다. 안 해본 일을 해야 하고, 방의 개수대로 24명의 입실자를 상대해야 한다는 것이 부담으로 다가왔다. 누수가 되었든 민원이 되었든 내가 마주해야 할 일을 막연히 생각하고 굉장히 두려웠다. 그래서 이 사업에서는 반드시 '멘토'가 필요하다고 생각한다. 그런 면에서 서봉기 대표님을 멘토로 만난 나는 매우 든든하다. 이끌어주시는 분이 있다는 게 얼마나 큰 행운인지 모른다.

마지막으로, 고시원 창업을 생각한다면 주변에 "나 고시원 하려고 하는데 어떻게 생각해?" 같은 말을 묻지 않았으면 한다. 왜냐하면 고시원을 해보지 않은 사람은 100% 무조건 반대할 것이 뻔하기 때문이다. 나 역시 그랬다. 주변에 고시원 한번 해보면 어떻겠냐고 물었더니 돌아오는 대답이 "갈 데도 없고 인생 막장에 간 사람들이 대부분일 텐데 어떻게 하려고?"가 대부분이었다. 그 말만 듣고 고시원을 접었던 과거가 지금 와서는 매우 후회된다. 현재 내가 운영하는 고시원 입실자들은 대부분 직장인, 대학생, 외국인, 인턴 등이다. 고시원에 대한 편견이나 (아무런 경험도 없는) 주위 사람들 말은 들을 필요가 없다.

누가 나에게 고시원에 대해 묻는다면 나는 "고시원 안 해본 사람의 말은 듣지 마세요"라고 대답해줄 것이다. 나는 지난주에도 일주일에 하루밖에 출근하지 않았다. 올원룸이라 입퇴실자만 없다면 나갈 일이 없다. 자금만 된다면 하나 더 하는 것이 나의 다음 목표다. 그리고 든든한 멘토님이 있기에 나는 오늘도 점점 강해진다.

직장생활의 10% 되는 시간으로 월급만큼의 수익을 올리는 안양 인덕원역 고시원

"직장 선배들을 보면서 50이 되기 전에 독립해야겠다고 마음먹었습니다. 그 계획을 고시원 창업으로 실현했고, 지금은 시간 여유와 현금흐름을 모두 충족하는 생활을 하고 있습니다."

와이프와 맞벌이할 때의 수입을 그대로 유지하기 위해 월급만큼의 수익을 목표로 했고, 고시원 창업으로 이 두 조건을 모두 완수한 40대 원장님.

3기 수강생인 원장님은 안양 인덕원역에 위치한 33개 미니룸 고시원을 운영 중이다. 사는 곳은 용인이라 자차로 고시원까지 40분 정도 걸리지만 주 3회만 출근할 뿐이고 이마저도 점점 횟수를 줄이고 있다. 원장님의 고시원은 투자금액이 1억 5,200만 원으로 그리 높지 않다. 올미니룸인 것이 적은 투자 비용을 가능케 했다.

창업 지역	안양 인덕원역
창업 연월	2023년 9월
투자금	1억 5,200만 원
인테리어 비용	700만 원 (샤워실 방수 리모델링)
방 개수 (타입)	33실 (올미니룸)
공실 수	공실 없음 (만실)
월평균 순수익	400만~420만 원

고시원 예비 창업자 가운데는 올미니룸에 대해 장사가 안 되고 입실자 구하기가 힘든 곳으로 아는 사람이 많은데 현실은 다르다. 미니룸이라 입실자들 회전이 빠른 단점은 있지만, 입지만 잘 고른다면 공실을 염려할 필요가 없다는 게 원장님의 설명이다. 실제 원장님의 고시원은 인수하고 한 달도 안 되어 만실이 되었고, 지금은 예약자가 늘 대기하는 상황이라

고 한다.

원장님은 고시원 예비 창업자에게 혼자 너무 많은 시간을 애쓰지 말고 전문가의 강의를 듣고 조언을 받을 것을 권한다. 고시원같이 폐쇄적인 시장에서는 전문가를 만나는 게 오히려 돈과 시간을 모두 아끼는 일이라고 강조한다.

Q. 고시원을 창업하게 된 이유

직장생활 20년을 하고 난 뒤 고시원을 창업했다. 직장생활을 할 때 선배들을 보면 주로 50이 넘어가면서 퇴직 이후를 고민하더라. 그래서 나는 50이 되기 전에 독립해야겠다고 평소 마음먹었다. 2023년, 집안에 사정이 생겨 출퇴근하는 일이 힘들어지면서 자연스럽게 창업을 하게 되었다. 내 경우 시간 여유가 필요한 사업을 찾았는데, 그게 고시원이었다.

평소에도 창업을 위해 입지 분석을 해왔다. 단국대학교 인근의 입지를 학생 수의 변화에 따라 분석했던 일도 있었다(당시 급감하는 학생 수를 보고 단국대학교 입지는 포기했다). 나는 와이프와 맞벌이를 하는 상황이라 내가 퇴직할 경우에도 기존 생활비가 줄어들지 않게 하는 게 중요했다. 그래서 현금흐름이 원활한 사업을 찾게 되었고, 그게 고시원이었다.

Q. 인덕원 지역만의 특색이 있다면

안양 인덕원 지역은 평촌과 과천 쪽으로 현장 일을 하는 근로자들 수요가 두텁다. 그래서 직장인 수요도 있지만, 현장 근로자 수요도 높은 편이다.

**Q. 고시원 창업에 대한 만족도(장점)와
예비 창업자를 위해 조언을 한다면**

고시원 예비 창업자들은 좋은 물건을 찾아 계약하는 것이 최고 관심사일 것이고 그게 가장 중요하다고 생각할 것이다. 그러나 고시원을 인수해서 원장이 되면서부터가 진짜 시작이다. 그러니 인수 전에 스스로 해보려고 너무 많은 시간을 쏟지 말라고 조언하고 싶다. 혼자 애쓰지 말고 고시원킹 대표님 같은 전문가의 도움을 적극적으로 받아 창업을 하는 게 비용과 시간을 모두 아끼는 일이라고 생각한다.

고시원은 시장 자체가 폐쇄적이라 개인이 할 경우, 적정 권리금을 주고 인수하는 게 힘들다. 그러니 대표님을 비롯해 신뢰할 만한 부동산과 진행하는 게 손해 안 보는 지름길이다. 대표님을 통하면 그런 전속부동산과 연결되니 그 길을 권한다.

이번 명절에 전 직장 선배들에게 인사를 드리러 갔는데 두 가지를 가장 많이 말씀하셨다. 하나는 상사 뒷담화이고 두 번째는 회사에서 나가면 무엇을 해서 먹고 사나 하는 것이었다. 그래서 고시원 이야기를 전해드렸다. 평소에 투자나 사업에 관심 있는 분들은 내

이야기를 듣고 이해가 빨랐고, 관심도 많이 보였다. 그런 분들에게는 퇴직 후에 개인적으로 적극 추천해드릴 생각이다.

직장 생활 마지막 5년 동안은 주말도 없이 일해왔다. 와이프와 애 얼굴을 밤에만 볼 정도로 시간 여유가 없었다. 고시원 창업이 아닌 다른 자영업이라면 이런 시간 여유를 누릴 수 있었을까? 내게 고시원 창업이 가장 만족스러운 부분은 이 지점이다. 안정된 현금 흐름과 시간 여유.

보기에 따라서는 400만~420만 원이 그리 큰 수익이 아닐 수도 있다. 그러나 투자 금액을 대비한다면 결코 적지 않은 수익이라 생각한다. 게다가 시간 활용 면에서는 정말 좋은 사업이다.

직장인 부업으로 창업한
'창업 일주일 차' 수원 영통역 고시원

"고시원은 특별한 기술을 요하는 사업이 아니라 나만 열심히, 꾸준히 하면 수익률은 저절로 따라오는 정직한 사업입니다."

회사는 '수입의 천장'이 있어 추가로 돈을 벌기 위해 창업을 결심, 직장을 다니면서도 충분히 수익률을 올릴 수 있는 고시원을 창업해 운영을 시작한 30대 '투잡러' 원장님.

수원 영통역 부근에서 47실의 고시원을 운영하는 원장님은 5기 수강생으로 창업한 지 일주일 차 된 '신입' 원장님이다. 5기 수강생의 경우 19명 가운데 현재(3월 중순) 11명이 고시원을 창업했다. 매우 높은 창업률이다. 오전 10시에 통화했을 때 원장님은 '당근' 갈 준비를 하느라 분주하다고 했다(원장님 표현을 그대로 쓰자면 '어제도 당근, 오늘도 당근').

창업 지역	수원 영통역
창업 연월	2024년 2월
투자금	3억 4천만 원
방 개수 (타입)	47실 (원룸 32/ 미니룸 15)
공실 수	공실 없음 (만실)
월평균 순수익	800만 원(인터뷰 당시 일주일 차라 데이터값으로 예상한 수익률)

신입 원장님의 바쁜 일정이 눈에 그려져 고시원 원장에게 당근은 필수냐고 물었더니 '그렇다'는 대답이 돌아왔다. 고시원 물품 가운데 새것 같은 중고 제품을 구하기 위해서이며 또 가성비 면에서도 '당근'이 매우 유용하다고 했다.

영통역 고시원은 인수하자마자 10실이 빠졌으나 일주일 새에 빠진 10실을 다 채워 현재는 만실로 운영하고 있다고 했다. 대학가라서 새 학기를 앞두고 학생 수요가 늘어난 것이 아닐까 원장님은 짐작했다.

원장님은 30대 직장인이 추가의 수익을 얻기 위해 할 수 있는 창업으로 고시원만 한 게 없다고 강조한다. 특별한 기술이 필요하지도 않고 성실함과 끈기만 있으면 되기 때문이다.

Q. 고시원을 창업하게 된 이유

회사만 다니면서 '수입의 벽'을 느꼈다. 직원으로서 아무리 열심히 해도 수입의 천장이 있다고 생각했다. 그래서 창업을 하기로 마음먹었고 그중 고시원이 수익률이 가장 좋아서 택했다. 두 번째는 직장을 다니면서 투잡으로 운영이 가능한 것이어서 선택했다.

6주 강의를 듣는 수강생 가운데는 의외로 30~40대 직장인이 많다. 실제 직장에 다니면서 해보니 충분히 가능하다는 것을 알았다. 내 경우 인수 초반에는 손 갈 일이 많아서 휴가를 당겨 써가며 고시원을 관리했다. 그런데 일주일이 지나고 보니 점점 손 갈 일이 없어졌다. 아마 한 달 정도 지나면 직장에 다니면서도 운영하는 데 무리가 없을 것으로 생각된다. 실제로 어제, 오늘 출근했는데 전화 오는 것은 문자로 대응했다. 회사에 다니면서 이런 식으로 운영해도 크게 무리가 없다는 판단이다.

고시원 말고 생각했던 상대적인 창업 아이템이 오피스텔 투자와 에어비앤비였는데, 이 두 개는 고시원만큼 수익률이 나오지 않아서 좀 더 젊을 때 수익률 높은 것에 투신해보자는 심정으로 뛰어들었다. 내 나이 아직 30대 중반인데, 아직 한 달 수익률은 나오지 않았지만 데이터값대로 800만 원이 나오면 직장 월급과 합해 월수입 천만 원을 훨씬 넘게 되니 이보다 만족스러울 수 없을 것이다. 서 대표님의 '6주 창업 강의'를 같이 들었던 아내도 현재 매우 만족한다.

Q. 기억나는 에피소드가 있다면

일주일밖에 안 되었지만 인상 깊은 에피소드가 있었다. 내부 시설을 보수하고 가전기기를 교체하면서 입실자들에게 바뀐 부분에 대해 문자로 공지를 해드렸다. 그런데 의외로 고맙다는 답신을 해온 입실자들이 많았다. 아무리 원장이라도 공지 사항에 대해 일일이 답변을 해주시리라고 생각지 못했는데, 많이 놀랐고 또 기분이 참 좋았다. 진짜 '소통이 이렇게 좋은 것이구나'를 느꼈다.

고시원이라면 무조건 험한 곳, 험한 사람들이 사는 곳이라는 고정관념을 가진 사람이 많은데, 실제 그런 분들은 10%도 되지 않는다. 이 정도 퍼센트는 어떤 사업을 하든지 감수해야 하는 부분이라고 생각한다.

Q. 영통 지역만의 특색이 있다면

학생이 거의 다일 거라 생각하지만 그렇지 않다. 대학생이 60~65%이고 직장인, 프리랜서 강사, 외국인 등 수요층이 다양하다. 수요층이 다양하면 그만큼 입실자와 입실 대기자가 많다는 의미여서 좋다.

Q. 고시원 창업에 대한 만족도(장점)와 예비 창업자를 위해 조언을 한다면

비록 일주일 차 원장이지만 6주 강의를 듣는 동안 매물, 잔금, 운영, 마케팅, 관리까지 다 훑은 셈이다. 세상에 쉬운 사업은 없다. 사업은 리스크를 안고 가는 것인데, 고시원은 원장이 곧 사장이므로 내가 리스크를 안고 가야 한다. 그런 면에서 고시원 사업은 (오너의) 리스크가 심각하게 큰 사업이 아니라고 생각한다. 특별한 기술을 요하는 것이 아니므로 나만 열심히, 꾸준히 하면 수익률은 따라오는 정직한 사업이라고 생각한다. 열심+꾸준함만 유지한다면 누구나 성공할 수 있는 사업이라고 생각한다.

나는 고시원킹 6주 강의를 들을 때 '반드시, 어떻게든 한다'는 생각으로 들었다. 그리고 정말 하기를 잘했다는 생각이 든다.

퇴사 후 창업하여 현재 두 곳의 고시원을 운영 중인 신사역, 장승배기역 고시원

"고시원 창업은 조급함을 버려야 합니다. 전 과정에서 여유를 가지고 냉정하게 접근하고 분석할 필요가 있습니다."

초반부터 수요층을 분석하고 입지를 골라 고시원을 창업하고, 운영 두 달 만에 주 1회 출근으로 루틴을 바꾼 사업가 원장님.

4기 수강생인 원장님은 현재 두 곳을 창업해서 운영 중이다. 창업을 마음먹었을 때 총 8억의 자금을 마련해 두 곳의 고시원을 운영하기로 계획하고 매물을 알아보았으나 계약까지는 크고 작은 난관이 있었다. 가게약한 물건이 당일에 취소된 적도 있었고, 이런저런 다양한 난관을 겪었다. 원장님은 퇴직 후 고시원 사업에 뛰어들었다. 첫 번째 고시원은 신사역(잠원동)에 위치하고 두 번째 고시원은 장승배기역에 위치한다.

창업 지역	서울 잠원동 (신사역 인근)
창업 연월	2023년 12월
투자금	4억 5천만 원
방 개수 (타입)	43실 (원룸/ 샤워/ 미니 혼합룸)
공실 수	15실(2월), 2실(3월)
월평균 순수익	1천~1,200만 원 (데이터 최곳값은 1,400만 원)

잠원동을 택한 이유는 서초구와 강남구 쪽이 1인 가구 수요가 많기 때문이다. 그중에서도 이 지역에 특화된 수요층인 '어학원생'들을 타깃으로 삼았다. 고시원 창업 전에 이미 어학원생 입실자를 40% 정도로 예상하고 차렸고 현재 입실자도 주로 그렇게 구성되어 있다. 수요층이 어학원생이

라 1~2월은 비수기인 것을 감안, 2월엔 공실이 15개였으나 3월엔 예약자가 많아져 2실만 공실로 남아 있다고 했다.

고시원은 인수 후에 설비 문제로 들어가는 비용이 많다. 이 원장님도 IOT 설치, 도배, 배관 문제 등으로 수익률이 애초 데이터값에 많이 못 미쳤다. 이런 경우에 대부분의 원장님들은 특수 지출을 수익률에서 제하는데, 이렇게 하면 제대로 된 수익률이 나오지 않는다. 따라서 별도 비용을 관리하는 사이드통장을 만들어 계정을 분리해서 비용을 계산해야 한다.

고시원은 인수를 받고 나면 공실이 생겨날 수 있다. 그러나 그 기간은 길지 않은 게 일반적이다. 원장님의 두 번째 고시원인 장승배기역 고시원 역시 인수받을 당시엔 공실이 2개였으나 인수 후에 7개로 늘어났다가 지금은 5실로 줄어든 상태라고 한다(이 부분은 네이버 파워링크 광고가 영향을 미친 것으로 분석). 원장님은 조급함을 버리고 냉정하고 차분하게 고시원 창업을 준비하고 실행한다면, 데이터값으로 나온 수익률을 달성하는 것은 충분히 가능하다고 말한다.

| Q. 이 지역에 창업하게 된 이유가 있는지

서초, 강남 쪽이 1인 가구 수요가 많아서 선택했다. 이 지역에 특화된 수요가 있었는데, '어학원생'들이었다. 그래서 어학원생 입실자가 40% 될 것이라 예상하고 이 지역에 차렸는데 예상대로 적중했다. 현재(인터뷰 당시 2월)는 1~2월이라 공실이 많아 15개가 비

어 있으나 3월은 예약자를 이미 받았고 공실은 2개다.

> **Q. 잠원동(신사역) 지역만의 특색이 있다면**

수요층이 어학원생들이라 이불을 다 해줘야 하는 특수한 상황이 있다. 어학원생들은 단기로 들어오는 고객이라 짧게는 일주일부터 6개월까지 머무는 기간이 다양하다. 해외에서 오는 친구들이라 침구류는 제공해주어야 하고 세탁 관리도 해주어야 한다. 우리 고시원의 경우 매달 1만 원을 세탁비로 더 받고 있다. 이들이 쓴 침구류는 빨래방에 가지고 가서 세탁한다(아르바이트생 고용).

> **Q. 고시원 창업에 대한 만족도(장점)와
> 예비 창업자를 위해 조언을 한다면**

조급함을 버리라고 조언하고 싶다. 알아보는 것부터 시작해서 전 과정에서 여유를 가지는 것이 필요하다. 실제 가이드해주는 중개인들도 가장 긍정적인 면을 강조해서 말씀해주시지만, 나는 당사자가 냉정함을 가지고 시간을 갖고 분석하는 여유가 필요하다고 생각한다.

본인이 들어가려는 지역의 고시원이 있다면 광고, 특히 그 지역에 특화된 수요층을 분석해서 광고하거나 영업하는 일도 필요하다. 고시원 일은 그다지 많은 시간이 들지 않는다. 내 경우 잠원동 고시원은 인수 후 두 달 뒤부터는 주 1회 정도만 나가고 있다. 청소업체는 월, 수, 금에 청소를 하고 있고, 빨래 등 잡무를 위한 아르바이트생을 고용했다.

두 번째 고시원은 장승배기역 인근에 있는데 인수받을 당시엔 공실이 2개였다가 인수받은 직후 7개까지 늘어났고, 인터뷰하는 지금 시점에는 5실이 공실인 상태다. 네이버 파워링크 광고를 잠시 내렸었는데 다시 올리자 문의가 다시 많이 오는 중이다. 이제 날씨가 풀리면 문의가 더 늘어날 것이라 생각한다.

〈전속부동산 시스템 진행 과정〉

2장에서 간략히 소개한 바 있지만, 나는 고시원킹 6주 오프라인 강의를 신청한 수강생에게 '전속부동산'을 연결해서 계약을 돕게 해준다. 앞에 소개드린 원장님들 모두 다 전속부동산 시스템을 통해 창업했으며, 이후 2호점을 냈거나 준비 중인 원장님들도 계속 이 시스템으로 물건을 찾고 임장을 하며 계약 여부를 관리 받고 있다. 이번에는 전속부동산 시스템이 어떤 과정을 통해 진행되는지 자문자답 형식을 빌려 좀 더 구체적으로 소개해보겠다.

What1 _ 전속부동산 시스템이란 무엇인가?

고시원을 창업하려고 발품을 팔다 보면 이 시장이 공급보다 수요가 훨씬 더 많은 곳임을 알게 된다. 물건을 파는 사람, 즉 양도자보다 물건을 사려는 매수자가 수적으로 우위를 점하는 시장이 이곳 고시원 시장이다. 그렇다 보니 괜찮은 물건을 찾기가 그만큼 쉽지 않을뿐더러 믿고 신뢰할 만한 부동산을 찾기도 어렵다. 특수 물건이다 보니 전문 정보와 지식을 갖춘 부동산이 필요한 데다 사기를 당하지 않는 것이 매우 큰 핵심 요건이 되기 때문이다.

전속부동산이란 글자 그대로 부동산과 고객 간에 '전속계약'을 맺어 매물 찾기부터 계약까지 일괄하는 방식이다. 나는 이를 일반 손님이 최우선 손님이 될 수 있는 '하이패스'를 타는 일이라고 표현한다. 고시원킹 6주 오프라인 수강을 통해서 나는 수강생들에게 전속부동산을 소개해주고 계약 전 의사결정에 도움이 될 수 있도록 피드백도 함께 하고 있다.

What2 _ 비용은 얼마인가?

전속부동산을 통해 계약한다고 해서 추가 비용이 들어가는 것은 아니다. 다른 점이 있다면 잔금일에 지불하는 중개수수료 중 일부를 먼저 선입금하는 것이다. 대개 고시원의 중개수수료는 500만 원 선인데, 전속부동산을 통할 때는 이중 100만 원을 선금으로 입금한다. 그리고 계약이 완료되면 잔금일에 중개료의 차액인 400만 원을 지불하면 된다.

특별한 물건을 거래한 경우나 전속부동산에서 권리금액을 많이 깎아준 경우에는 전속부동산에서 중개수수료를 더 요청할 수도 있다. 이것은 불문율이라기보다는 상황에 따라 다르므로, 부동산과 협의하여 진행하면 될 것이다(실제 수강생 중에는 좋은 계약을 하게 해주어 고맙다며 수수료를 전속부동산에게 추가로 지불한 경우도 있다).

What3 _ 전속부동산이 보여주는 물건의 수량과 기한이 정해져 있나?

그렇지 않다. 말 그대로 전속은 계약까지 같이 가는 동행자가 내 옆에 있는 것이다. 부동산 업체마다 스타일은 다를 수 있겠지만 물건 수량 한정과 기한은 별도로 정해져 있지 않다.

Why _ 나는 왜 전속부동산 연결 시스템을 하는가?

한마디로 답하자면 '신뢰'와 '실력'이 모두 충족되기 때문이다.

전속부동산은 '신뢰'를 보장할 수 있고, '실력'이 검증된 사람들이다. 따라서 예비 창업자들에게 맞는 좋은 물건을 찾음과 동시에 위험한 물건들을 만나지 않게 해주는 역할을 충분히 해줄 수 있다. 신뢰와 실력이 갖추어져 있지 않다면 나는 전속부동산을 소개조차 하지 않을 것이다.

간혹 내가 소개를 연결시켜준 예비 창업자들 가운데 전속부동산과 맞지 않다고 이야기하는 분들이 있는데, 이때는 심플하게 전속부동산과 거래하지 않으면 된다. 내가 신뢰를 강요할 수는 없는 일이기에, 어디까지나 본인의 판단에 따르라고 말씀드린다.

간혹 전속부동산과 거래하면 다른 부동산의 물건은 전혀 받지 못하는 것인지, 전속부동산과 계약하고 난 뒤에 다른 부동산을 통해 물건을 받았는데 그 물건이 마음에 들 경우는 어떻게 해야 하는지 물어오는 경우가 있다.

그러나 그런 걱정은 불필요하다. 전속부동산 사장님들은 고시원 매매 중개 경력이 10년이 넘는 프로들이다. 시장에 나와 있는 매물들은 거의 파악하고 있다고 봐도 무방하다. 즉, 전속부동산 사장님들이 모르는 다른 (좋은 조건의) 고시원 매물은 없다고 봐도 무방하다는 이야기다. 이들은 시장에 나온 매물들을 거의 모두 파악하고 있을 뿐 아니라 이 물건들의 이력(스토리)까지 꿰고 있다. 그러니 앞의 질문들은 기우에 가깝다.

How _ 전속 시스템은 어떻게 진행되나?

부동산은 매물이 자산이다. 게다가 고시원은 매물이 '갑'인 시장이다. 그러니 부동산 입장에서는 불특정 다수에게 정보를 공개하지 않는다. 정보에만 관심을 두는 사람에게 고급 정보를 공유할 리 없고, 창업 가능성이 높지 않은 사람에게 시간과 힘을 쓸 이유가 없다.

만약 A라는 부동산에서 고객에게 문자를 보내 '어디 어디에 있는 물건을 보고 오시라'고 했다고 가정해보자. 그 문자가 과연 가치 있는 정보가 될 수 있을까? 물건을 본들 그 물건의 장점이 무엇이고 보완해야 할 점이 무엇인지 초보자에게는 전혀 보이지 않는다.

전속 시스템은 이 부분을 정확히 판단해준다. 클라이언트의 가용 금액과 해당 지역의 성향 등을 파악하는 것은 기본이고, 원하는 물건이 시장에 있는 경우 가장 먼저 정보를 받게 해준다. 또한 매주 전속부동산과 일정을 맞춰 현장 매물을 동행 답사할 수 있다. 답사 후에는 해당 물건의 수익률 계산, 매물 전문가의 솔직한 의견도 들어보게 될 것이다.

내게 1억이 있다고, 또는 2억이 있다고 해서 딱 해당 금액대의 물건만 보는 것은 아니다. 여러 금액대의 매물을 현장에서 살펴보면서 물건의 컨디션을 체크하고 향후 수익률 상향 가능성 등을 가늠해보는 일 역시 전속부동산의 피드백이 큰 영향을 준다. 이 시스템은 확실히, 매물 보는 눈을 키우는 데 큰 도움을 받게 될 것이다.

Question1 _ 고시원킹에게 전속부동산만 소개받을 수는 없나?

나는 오프라인에서 고시원 창업 6주 강의를 진행하고 있다. 2024년 3월 현재 5기 수강생이 강의를 듣는 중이다. 1기부터 4기 수강생 가운데 80% 이상이 고시원을 창업하여 원장님으로 운영하고 있다. 앞에 소개한 11명의 원장님 말고도 많은 원장님들이 전속부동산을 거쳐 계약을 진행했고, 고맙게도 성공적인 운영을 하고 계신 것으로 안다.

가끔 내 강의를 수강하지 않은 분들 가운데 전속부동산만 소개받을 수 있는지 물어오는 경우가 있다. 이때 내 답변은 '거절'이다. 이유는 두 가지다.

첫째는 굳이 나를 통하지 않고도 고시원 전속부동산을 찾을 수 있기 때문이고, 두 번째는 내 강의를 수강하는 분들께 내가 드리는 작은 혜택이라면 혜택이라, 그 혜택을 원칙 없이 확대할 수는 없기 때문이다. 그리고 두 번째 원칙을 정한 데에는 아주 중요한 또 다른 이유가 있다.

내가 전속부동산을 수강생에게 소개하는 가장 큰 이유는, 수강생과 부동산 사이에도 맞는 '궁합'이 있다고 생각하기 때문이다. A 수강생은 돌파력이 강하고 행동이 빠른 성향이다. 그래서 빠르게 다양한 물건을 단시간에 보고 판단하기를 선호한다. 반면 B 수강생은 직장생활을 하면서 투잡으로 고시원 운영을 고려하는 분이라 단기간에 많은 물건을 볼 수가 없다. B씨는 자기에게 맞는 물건을 추려서 퇴근 후나 휴일에 천천히 살펴보기를 원한다. 그런가 하면

C 수강생은 본인이 머릿속에 그린 매물의 이미지가 있어서, 그런 매물만 골라서 보기를 원한다.

이렇게 물건을 보고 고르는 타입이 다르듯, 부동산도 그 타입에 맞는 성향이 있다. 어느 부동산은 저돌적으로 많은 매물을 일시에 보여주는 게 강점인가 하면, 어느 부동산은 고객에게 맞는 매물과 시간대를 선정해 천천히 일을 진행시킨다.

나는 부동산의 성향과 수강생의 성향을 모두 알고 있다. 현장 강의를 통해 어느 부동산과 어느 수강생이 매칭이 되는지 내 머릿속에서는 다 그림이 그려진다. 그래서 누가 누구와 잘 맞는지 먼저 체크하여 판단하고, 중간에서 허브 역할을 제대로 할 수 있다. 이것이 내가 수강생들만을 전제로 전속부동산 연결 시스템을 가동하는 가장 큰 이유다.

Question2 _ 계약을 결정하는 데 얼마만큼의 의견을 주나?

수강생 D씨가 있었다. D씨는 고시원킹의 6주 강의를 듣는 이유가 전속부동산 네트워크를 활용하는 것을 소개받기 위해서이고., 계약을 결정하는 데 의견을 구하기 위해서라고 말했다.

이런 말을 들을 때마다 무척 감사하다. 나에게서 강점을 발견해주고 내 강의를 선택해준 것이 무엇보다 고맙기 때문이다. 이런 말을 들을 때마다 나를 도와주는 전속부동산이 있는 것이 큰 힘이 된다.

그러나 두 번째 이유, 계약을 결정하는 데 의견을 구하기 위해서라는 부분에서는 나도 신중해지고 조심스러워질 수밖에 없다.

　고시원을 창업하겠다고 마음먹은 예비 창업자의 머릿속은 계약하기 전까지 온통 '매물, 매물, 매물'뿐이란 걸 잘 안다. 매물 선점이라는 첫 단추를 잘 끼우는 것이 그만큼 중요하기 때문이다. 현장 매물을 보고 난 뒤에는 진짜 계약까지 진행을 해도 되는 것인지 고민이 들 것이다. 그때 나는 고시원킹이라는 강사의 입장, 컨설턴트로서의 입장, 현 원장이라는 입장에서 해당 매물의 의사결정을 할 수 있도록 돕는다. 이를 나는 '3자 구도'가 균형을 이룬 '팀 피드백'이라고 부른다. 나 자신이 의견을 주는 것이지만, 각각의 다른 입장에서 판단하고 의견을 드리려 애쓰기 때문이다. 이렇게 3구도가 팀을 이루어 예비 수강생에게 맞는 매물을 선점하여 창업까지 가도록 돕는 게 내 역할이다.

　그러나 아무리 그렇더라도, 내 의견과 피드백은 어디까지나 '나'의 의견과 피드백일 뿐이다. 실제 운영은 창업자가 하는 것이다. 이 부분이 정말 중요하다.

　전속부동산을 통해 매물을 잘 선점하면 무조건 장사가 잘되는 것일까? 창업의 핵심 키는 운영자가 쥐고 있다. 운영과 관리, 온라인 마케팅 등 원장이 해야 할 일은 무궁무진하다. 이런 것들이 얼마나 중요한지는 실제 창업해서 운영해보면 안다. 그래서 계약을 결정하는 데 내가 가진 모든 정보와 경험을 동원해 의견은 드리되, 그것이 운영과 성과를 보장하지는 않는다는 점을 무엇보다 명심하시기를 나는 강조하고 또 강조한다.

Advice _ 고시원 네트워킹을 계속 유지하고 가져가라

앞에 소개한 수강생 D씨는 실제로 전속부동산 네트워크를 활용하고 싶어서 6주 강의를 신청했고, 이후 이 시스템을 활용해 창업까지 이어졌다. '전속부동산 네트워크를 활용한 창업'이라는 목적을 달성했으니 이후에는 나에게 연락을 안 했을까? 그렇지 않다. D씨는 창업 후에도 운영에서 생기는 소소한 일들부터 굵직한 일까지 일일이 물어왔고, 돌발 상황을 처리하는 법이나 민원을 해결하는 법까지 나와 의논하게 되었다.

그래서 창업의 시작부터 끝까지 고시원킹 네트워크를 유지하며 같이 가는 게 훨씬 이득이라는 말씀을 드리고 싶다. 매물 선점과 의사결정, 인테리어 고민, 운영, 온라인 마케팅 교육 등 전반적인 것을 다 같이 공부하고 이후 전문가 연락처와 자료를 공유하고 같은 기수의 수강생들과 연결되어 정보와 도움을 주고받는 일이 무엇보다 필요하다. 그리고 그럴 수 있는 유일한 방법은 고시원킹 6주 오프라인 수강이다.

부록_ 고시원 길라잡이 '고시원킹' 사이트 활용법

🔍 gosiwonking.com

'고시원킹(https://gosiwonking.com/)'은 고시원 창업에 관심 있는 예비 원장님들이 안전하게 고시원을 창업할 수 있도록 도와드리기 위해 만들었다. 메뉴는 '킹 소개/전속안내/오프라인 강의/대면상담/카톡문의/협력 부동산 로그인'으로 간략히 구성되어 있으며, 전속부동산 회원은 맨 오른쪽 <협력 부동산 회원 가입> 버튼을 눌러 절차에 따라 가입하면 된다.

['고시원킹' 메인 화면]

메인 화면 아래쪽의 '등록 매물'은 고시원킹 홈페이지에 등록되어 있는 고시원의 목록이다. 매물을 한 번에 보려면 '더보기'를 클릭하면 된다.

'더보기' 화면

관심 있는 매물이 있다면 '보러가기'를 클릭한다. 그러면 해당 매물을 등록한 고시원 매매 전문부동산과 1:1 오픈채팅이 가능하다. 이 채널로 전속부동산과 상담을 진행하면 된다.

더 아래쪽에는 오프라인 강의를 들은 수강생들의 '강의후기'와, 실제 고시원 창업을 완료한 '계약후기' 리뷰가 소개되어 있다.

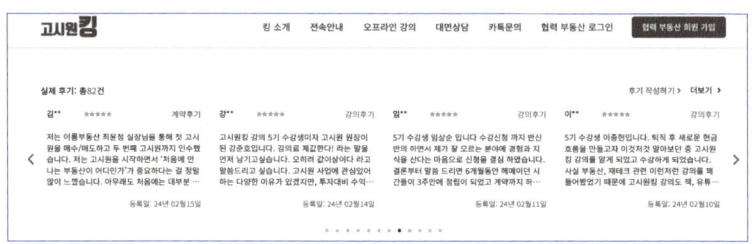

'매물문의/정보'는 자신의 가용 금액으로 과연 고시원 창업을 할 수 있을지 궁금한 분들을 위해 마련한 메뉴다. 오른쪽 상단의 '매물문의 무료등록'을 클릭하여 문의 글을 남기면 협력 부동산이 열람한 후 문의자에게 직접 연락하여 매물에 대한 정보를 주고 매수를 제안한다.

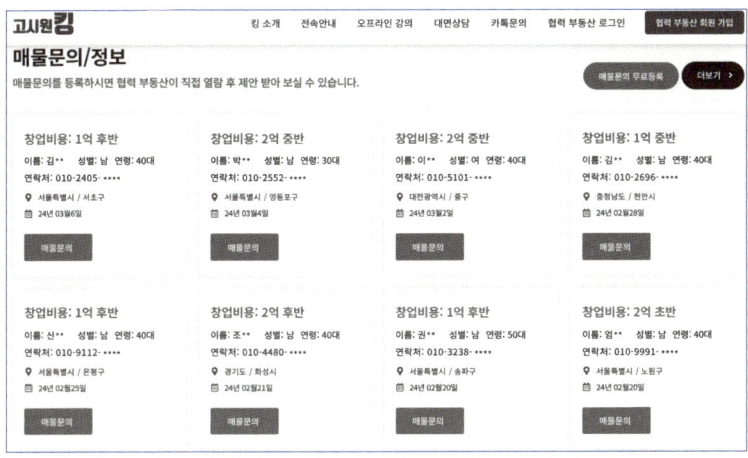

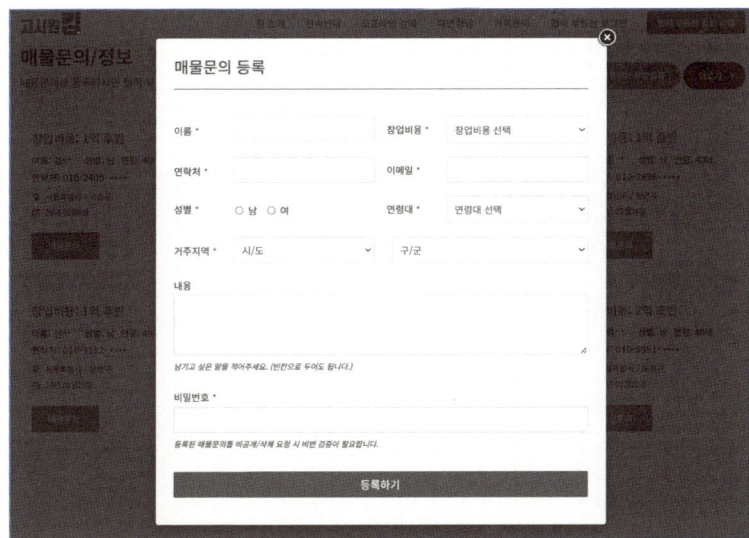

양도를 원할 때는 '양도신청/정보'를 활용한다. 오른쪽에 있는 '양도신청 무료등록'을 클릭한 후 글을 남기면 협력 부동산이 열람

한 후 연락 또는 제안을 받아볼 수 있다. 전화가 걸려오는 부동산마다 내 고시원을 내놓으면 내 고시원은 '하나뿐인 물건'이 아닌 '흔한 물건'이 된다. 이 메뉴는 내 부동산을 희소하고 가치 있는 것으로 만들어준다.

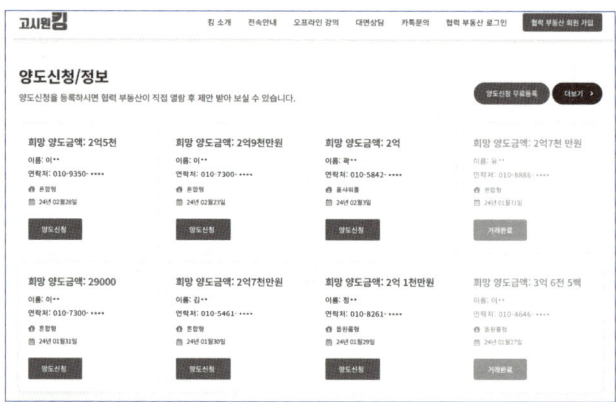

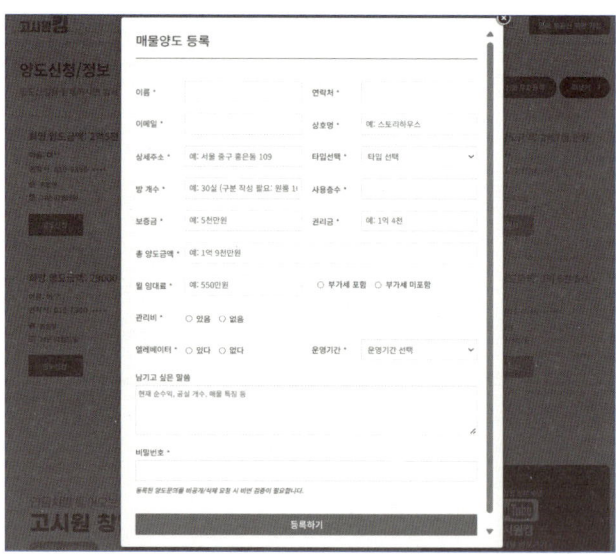

[킹 소개] 2022년 8월에 출간한 첫 저서에 대한 독자들의 리뷰, 고시원킹을 통해 창업한 사례 등을 살펴볼 수 있다.

[전속안내] 고시원킹의 수강생들은 '전속부동산'을 통해 고시원 매물을 소개받고 매물 계약까지 관리받는다. 이를 '전속부동산 시스템'이라고 부른다. [전속안내]를 클릭하면 이 시스템을 소개하는 유튜브 채널 영상을 볼 수 있다.

[오프라인 강의] 고시원 창업 6주 오프라인 강의와 수강생 1:1 창업 코칭을 신청할 수 있는 단희 캠퍼스로 연결되는 메뉴다(오프라인 강의는 6주간 진행되며 2024년 6월 13일(목) 7기 클래스가 개강될 예정이다).

수강생들의 리얼 후기와 창업한 원장님들의 창업 지역과 투자 금액, 예상 수익도 살펴볼 수 있다.

[대면상담], [카톡문의]를 클릭하면 고시원킹 카카오톡 채널로 이동된다. 상담을 원하는 분들은 이 메뉴를 통해 채널 친구를 추가하고 상담을 진행하면 된다

고시원킹
친구 267

채팅을 통해 신청해 주세요 ^^

⚠ 사업자 정보가 확인되지 않은 채널입니다. 기관, 금융, 유명인 사칭에 주의해주세요.

채널 친구 추가하고 혜택 알림 받기

채팅으로 문의하기 >

기본 정보

웹사이트   http://www.gosiwonking.com
이메일   gosiwonking@naver.com